孟子

孟子　下

（附大學、中庸）

孟子下

萬章 上

1 萬章問曰：「舜往于田，號泣于旻天。何為其號泣也？」

孟子曰：「怨慕也。」

萬章曰：「父母愛之，喜而不忘；父母惡之，勞而不怨。然則舜怨乎？」

曰：「長息問於公明高曰：『舜往于田，則吾既得聞命矣；號泣于旻天、于父母，

萬章　人名，孟子弟子。

于田　舜到歷山下耕種。

旻天　泛指天。

其　他，指舜。

怨慕　怨恨己不能侍親而思慕也。

長息　人名，公明高的弟子。

公明高　曾子的弟子。

則吾不知也。』公明高曰：『是非爾所知也。』夫公明高以孝子之心為不若是恝。我竭力耕田，共為子職而已矣；父母之不我愛，於我何哉？帝使其子九男二女，百官牛羊倉廩備，以事舜於畎畝之中；天下之士多就之者；帝將胥天下而遷之焉；為不順於父母，如窮

恝　無動於衷，淡然。

共　同「供」，供給。

於我何哉　我究竟有什麼過錯呢？

帝　此指帝堯。

畎畝之中　在田野之中，此指舜耕歷山沒有從政的時候。

胥　指考察舜的德行。

遷之　轉交給他來治理。

人無所歸。天下之士悅之，人之所欲也，而不足以解憂；好色，人之所欲，妻帝之二女，而不足以解憂；富，人之所欲，富有天下，而不足以解憂。貴，人之所欲，貴為天子，而不足以解憂。人悅之、好色、富、貴，無足以解憂者；惟順於父母，可以解憂。人少

妻帝之二女　得到帝堯的兩個女兒作為妻子。

則慕父母，知好色則慕少艾，有妻子則慕妻子，仕則慕君，不得於君則熱中。大孝終身慕父母；五十而慕者，予於大舜見之矣。」

知好色　知道喜歡貌美之人。

少艾　年輕美貌之人。

不得於君　得不到君主的賞識而失意。

熱中　內心急躁而熱血湧動。

五十　五十歲。

2 萬章問曰：「《詩》云：『娶妻如之何？必告父母。』信斯言也，宜莫如舜；舜之不告而娶，何也？」

孟子曰：「告則不得娶。男女居室，人之大倫也。如告，則廢人之大倫，以懟父母；是以不告也。」

萬章曰：「舜之不告而娶，則

《詩》此為〈詩經．齊風．南山〉。

懟　怨。

妻　把女兒嫁給他。

吾既得聞命矣；帝之妻舜而不告，何也？」

曰：「帝亦知告焉則不得妻也。」

萬章曰：「父母使舜完廩，捐階，瞽瞍焚廩；使浚井，出，從而揜之。象曰：『謨蓋都君，咸我績；牛羊父母，倉廩父母，干戈朕，琴朕，弤朕；

完廩 修繕糧倉。

捐階 撤下梯子。

瞽瞍 虞舜之父。

浚 通「濬」，疏通或鑿深水道。

揜 遮蓋。

象 舜異母弟。

謨蓋都君 謨蓋，謀害。都君，舜所居三年成都，故謂之都君。

績 功績。

干戈朕，琴朕，弤朕 意指干戈、琴、弤都是舜所有，象自取之。弤，漆成紅色的弓。

二嫂使治朕棲。』象往入舜宮，舜在牀琴，象曰：『鬱陶，思君爾！』忸怩。舜曰：『惟茲臣庶，汝其于予治。』不識舜不知象之將殺己與？」

曰：「奚而不知也！象憂亦憂，象喜亦喜。」

曰：「然則舜偽喜者與？」

曰：「否。昔者有饋生魚於鄭

二嫂使治朕棲 叫二位嫂嫂整理我的床，欲以二嫂為妻。

鬱陶 鬱悶思念。

忸怩 羞慚的樣子。

饋 進食於尊者。

鄭子產 姓公孫，名僑，字子產，春秋時期鄭國執政大夫。

子產，子產使校人畜之池；校人烹之，反命曰：『始舍之，圉圉焉；少則洋洋焉，攸然而逝。』子產曰：『得其所哉！得其所哉！』校人出，曰：『孰謂子產智，予既烹而食之，曰：「得其所哉！得其所哉！」』故君子可欺以其方，難罔以非其道。彼以愛兄

校人 管理池沼的小官。
反命 回報。
圉圉 困頓乏力的樣子。
洋洋 舒展活潑的樣子。
攸然而逝 從容自在地離去。
方 方法。
罔 欺騙。

之道來，故誠信而喜之；奚偽焉！」

3 萬章問曰：「象日以殺舜為事，立為天子則放之，何也？」

孟子曰：「封之也。或曰放焉。」

萬章曰：「舜流共工于幽州，放驩兜于崇山，殺三苗于三危，殛鯀于羽山，四罪而天下咸服，誅不仁也。象至不仁，

放　放逐。

封　天子以土地分與人，立為諸侯曰封。

舜流共工于幽州　相傳舜將共工流放幽州。流，五刑之一，放逐遠方終身不返。

驩兜　古代傳說中的三苗族首領，被舜流放至崇山。

三危　山名。

殛　誅也。

鯀　禹父名，堯時因治水無功，舜為天子後被流放於羽山。

封之有庫，有庫之人奚罪焉？仁人固如是乎？在他人則誅之。在弟則封之。」

曰：「仁人之於弟也，不藏怒焉，不宿怨焉，親愛之而已矣。親之欲其貴也，愛之欲其富也；封之有庫，富貴之也。身為天子，弟為匹夫，可謂親愛之乎？」

有庫　地名，位於今湖南道縣，應在舜都蒲阪附近。

藏怒宿怨　藏、宿，存留。把憤怒和怨恨藏留在心裡。指心懷怨恨，久久難消。

「敢問『或曰放』者，何謂也？」

曰：「象不得有為於其國，天子使吏治其國而納其貢稅焉，故謂之放。豈得暴彼民哉？雖然，欲常常而見之，故源源而來。『不及貢，以政接於有庳』，此之謂也。」

源源 若流水相繼。
來 來朝覲。

4 咸丘蒙問曰：「語云：『盛德之士，君不得而臣，父不得而子。舜南面而立，堯帥諸侯北面而朝之，瞽瞍亦北面而朝之。舜見瞽瞍，其容有蹙。』孔子曰：『於斯時也，天下殆哉，岌岌乎！』不識此語誠然乎哉？」

孟子曰：「否。此非君子之

咸丘蒙　姓咸丘，名蒙，孟子弟子。

語　古語。

帥　率領。

岌岌　危險的樣子。

言，齊東野人之語也。堯老而舜攝也。〈堯典〉曰：『二十有八載，放勳乃徂落；百姓如喪考妣，三年，四海遏密八音。』孔子曰：『天無二日，民無二王。』舜既為天子矣，又帥天下諸侯以為堯三年喪，是二天子矣！」

咸丘蒙曰：「舜之不臣堯，則

野人 老百姓。

攝 代理政事。

放勳 亦作「放勛」。帝堯名。

徂落 死亡。

遏密八音 遏，阻止。密，寂靜。各種樂器停止演奏，樂聲寂靜。舊指皇帝死後停樂舉哀。

不臣堯 不以堯為臣。

吾既得聞命矣。《詩》云：『普天之下，莫非王土；率土之濱，莫非王臣。』而舜既為天子矣，敢問瞽瞍之非臣如何？」

曰：「是詩也，非是之謂也，勞於王事而不得養父母也。曰：『此莫非王事，我獨賢勞也。』故說詩者，不以文害辭，

率土之濱　指四海之內。
此莫非王事　言此皆王事。
賢勞　辛勞。
以文害辭　因拘泥文字而誤解詞句。

不以辭害志；以意逆志，是為得之。如以辭而已矣，〈雲漢〉之詩曰：『周餘黎民，靡有孑遺。』信斯言也，是周無遺民也。孝子之至，莫大乎尊親；尊親之至，莫大乎以天下養。為天子父，尊之至也；以天下養，養之至也。《詩》曰：『永言孝思，孝思維則。』此之謂

以辭害志　因拘泥於詞句而誤解文意。

逆　推測。

〈雲漢〉　〈詩經·大雅〉篇名。

靡有孑遺　靡，沒有。孑遺，剩餘。

《詩》　〈詩經·大雅·下武〉。

則　法則。

也。《書》曰：『祇載見瞽瞍，夔夔齊栗，瞽瞍亦允若。』是為父不得而子也？」

祇載 恭敬。

夔夔齊栗 慎重戰慄的樣子。齊通「齋」。栗通「慄」。

允若 信順。

也通「耶」，表示詰問語氣。

5 萬章曰：「堯以天下與舜，有諸？」

孟子曰：「否。天子不能以天下與人。」

「然則舜有天下也，孰與之？」

曰：「天與之。」

「天與之者，諄諄然命之乎？」

諄諄 叮嚀告諭，教誨不倦的樣子。

命之 告曉。

曰：「否。天不言，以行與事示之而已矣。」

曰：「以行與事示之者，如之何？」

曰：「天子能薦人於天，不能使天與之天下；諸侯能薦人於天子，不能使天子與之諸侯；大夫能薦人於諸侯，不能使諸侯與之大夫。昔者堯薦舜於天

行與事 指舜的德行和行事。

而天受之，暴之於民而民受之。故曰：『天不言，以行與事示之而已矣。』」

暴：顯示。

曰：「敢問：『薦之於天而天受之，暴之於民而民受之』，如何？」

曰：「使之主祭而百神享之，是天受之，使之主事而事治，百姓安之，是民受之也。天與之，人與之。故曰：『天子不能以天下與人。』舜相堯二十有八載，非人之所能為也，天也。堯崩，三年之喪畢，舜避堯之子於南河之南。天子諸侯朝覲者，不之堯之子而之舜，訟獄者，不之堯之子而之舜；謳歌者，不謳歌堯之子而謳歌舜。故曰天也。夫然後，之中

相 輔佐。

崩 天子死曰崩。

南河之南 黃河在堯都之南，故稱南河。

朝覲 臣子上朝謁見君主。

謳歌 歌詠以頌功德。

國，踐天子位焉。而居堯之宮，逼堯之子，是篡也，非天與也。〈泰誓〉曰：『天視自我民視，天聽自我民聽。』此之謂也。」

中國　帝都居國之中，故曰中國。

踐天子位　登天子之位。

〈泰誓〉　《尚書》篇名。

6 萬章問曰：「人有言：『至於禹而德衰，不傳於賢而傳於子。』有諸？」

孟子曰：「否，不然也。天與賢，則與賢；天與子，則與子。昔者舜薦禹於天，十有七年；舜崩，三年之喪畢，禹避舜之子於陽城；天下之民從之，若堯崩之後不從堯之子而

陽城　山名。

從舜也。禹薦益於天，七年，禹崩，三年之喪畢，益避禹之子於箕山之陰。朝覲訟獄者，不之益而之啓，曰：『吾君之子也。』謳歌者，不謳歌益而謳歌啓，曰：『吾君之子也。』丹朱之不肖，舜之子亦不肖；舜之相堯、禹之相舜也，歷年多，施澤於民久。啓賢，能敬

箕山之陰　箕山之北。

丹朱　堯的長子，傳說堯造圍棋以教丹朱，故圍棋雅號丹朱。

不肖　不似其父之賢也。

承繼禹之道；益之相禹也，歷年少，施澤於民未久。舜、禹、益相去久遠，其子之賢不肖，皆天也，非人之所能為也，莫之為而為者，天也；莫之致而至者，命也。匹夫而有天下者，德必若舜、禹，而又有天子薦之者；故仲尼不有天下。繼世而有天下，天之所廢，必

匹夫 指平民。

繼世 繼承先世。

若桀、紂者也。故益、伊尹、周公不有天下。伊尹相湯以王於天下，湯崩，太丁未立，外丙二年，仲壬四年；太甲顛覆湯之典刑，伊尹放之於桐；三年，太甲悔過，自怨自艾，於桐處仁遷義三年，以聽伊尹之訓己也，復歸于亳。周公之不有天下，猶益之於夏、伊尹之

伊尹 名摯，商初的賢相。

王 統治。

太丁未立 湯之太子，未立而死。

外丙 太丁之弟。

仲壬 外丙之弟。

太甲 湯嫡長孫，太丁子。

典刑 常法、常刑。

桐 湯墓所在。

自怨自艾 悔恨自己過去的錯誤而加以改正缺失。艾，治也。

處仁遷義 以仁自處，見義則遷。

亳 地名。商湯建都於此。

於殷也。「孔子曰：『唐、虞禪，夏后、殷、周繼，其義一也。』」

禪　帝王讓位給賢者。

7 萬章問曰：「人有言：『伊尹以割烹要湯。』有諸？」孟子曰：「否，不然。伊尹耕於有莘之野，而樂堯、舜之道焉。非其義也，非其道也，祿之以天下，弗顧也；繫馬千駟，弗視也。非其義也，非其道也，一介不以與人，一介不以取諸人。湯使人以幣聘之，

割烹　割切烹飪等事，泛指烹飪。
要　要求。
有莘　古國名。今山東省曹縣北。
千駟　四千匹馬。
一介　介通「芥」。一介，喻微細也。

囂囂然曰：『我何以湯之聘幣為哉！我豈若處畎畝之中，由是以樂堯、舜之道哉！』湯三使往聘之，既而幡然改曰：『與我處畎畝之中，由是以樂堯、舜之道，吾豈若使是君為堯、舜之君哉？吾豈若使是民為堯、舜之民哉？吾豈若於吾身親見之哉？天之生此民也，

囂囂然 無欲自得的樣子。

畎畝 田野。

幡然 忽然改變的樣子。

使先知覺後知，使先覺覺後覺也。予，天民之先覺者也；予將以斯道覺斯民也，非予覺之而誰也！』思天下之民，匹夫匹婦有不被堯、舜之澤者，若己推而內之溝中。其自任以天下之重如此，故就湯而說之，以伐夏救民。吾未聞枉己而正人者也，況辱己以正天下者

內　通「納」。

說　說服。

乎？聖人之行不同也；或遠或近，或去或不去；歸潔其身而已矣。吾聞其以堯、舜之道要湯，未聞以割烹也。〈伊訓〉曰：『天誅造攻自牧宮，朕載自亳。』」

〈伊訓〉《尚書》逸篇名。

牧宮 夏桀的王宮。

朕 伊尹自稱。

載 始。

亳 南亳，湯都也。

8 萬章問曰：「或謂孔子於衛主癰疽，於齊主侍人瘠環：有諸乎？」

孟子曰：「否，不然也。好事者為之也。於衛主顏讎由。彌子之妻，與子路之妻，兄弟也；彌子謂子路曰：『孔子主我，衛卿可得也。』子路以告，孔子曰：『有命。』孔子進以禮，

主癰疽　主，謂舍於其家，以之為主人也。癰疽，瘍醫。

侍人瘠環　侍人，奄人。瘠環，姓瘠名環，與癰疽皆時君所近狎之人也。

顏讎由　衛國賢大夫。

彌子　衛靈公寵妾彌子瑕。

兄弟　古代女子亦以兄弟分長幼。

主我　住進我家。

退以義，得之不得，曰有命。而主癰疽與侍人瘠環，是無義無命也。孔子不悅於魯衛，遭宋桓司馬，將要而殺之，微服而過宋。是時孔子當阨，主司城貞子，為陳侯周臣。吾聞：觀近臣，以其所為主；觀遠臣，以其所主。若孔子主癰疽與侍人瘠環，何以為孔子！」

不悅　不被喜歡。

宋桓司馬　宋國大夫向魋。司馬，官名。

微服　為隱藏身份，避人注目而改換常服。

阨　窮困。

司城貞子　宋卿也，雖非大賢，亦無諂惡之罪，故謚為貞子。

陳侯周臣　陳懷公子也，為楚所滅，故無謚，但曰陳侯周。

近臣　在朝之臣。

遠臣　遠方來仕者。

9 萬章問曰：「或曰：『百里奚自鬻於秦養牲者五羊之皮，食牛，以要秦穆公。』信乎？」

孟子曰：「否，不然，好事者為之也。百里奚，虞人也。晉人以垂棘之璧與屈產之乘，假道於虞以伐虢；宮之奇諫，百里奚不諫。知虞公之不可諫而去之秦，年已七十矣，曾不知以食

百里奚 複姓百里，名奚，初事虞公，後事秦穆公，世人稱其為五羖大夫。

鬻 賣。

五羊之皮 百里奚賣身之值。

食 飼。

秦穆公 春秋時代秦國國君。嬴姓，名任好。勤求賢士，得百里奚等賢臣，助晉文公歸晉。在位三十九年。諡穆。春秋五霸之一。

垂棘 春秋晉國產美玉的地方。

屈產 春秋晉地名，產良馬。

乘 四馬。**假道** 借道。

虢 國名。

牛干秦穆公之為汙也，可謂智乎？不可諫而不諫，可謂不智乎？知虞公之將亡而先去之，不可謂不智也。時舉於秦，知穆公之可與有行也而相之，可謂不智乎？相秦而顯其君於天下，可傳於後世：不賢而能之乎？自鬻以成其君，鄉黨自好者不為，而謂賢者為之乎？」

宮之奇　虞之賢大夫，諫虞公勿借道給晉，虞公不聽，遂為晉所滅。百里奚知其不可諫，故不諫而去。

有行　有所作為。

萬章 下

1 孟子曰：「伯夷，目不視惡色，耳不聽惡聲；非其君不事，非其民不使；治則進，亂則退；橫政之所出，橫民之所止，不忍居也。思與鄉人處，如以朝衣朝冠坐於塗炭也。當紂之時，居北海之濱，以待天下之清也。故聞伯夷之風者，頑夫廉，懦夫有立志。

橫政　暴政。
橫民　亂民。
頑夫　貪婪的人。

「天之生斯民也」十一句義同〈萬章上〉第七章。

「伊尹曰：『何事非君，何使非民？』治亦進，亂亦進。曰：『天之生斯民也，使先知覺後知，使先覺覺後覺；予，天民之先覺者也，予將以此道覺此民也。』思天下之民，匹夫匹婦有不與被堯、舜之澤者，若己推而內之溝中：其自任以天下之重也。

「柳下惠不羞汙君，不辭小官；進不隱賢必以其道，遺佚而不怨，阨窮而不憫；與鄉人處，由由然不忍去也。『爾為爾，我為我；雖袒裼裸裎於我側，爾焉能浼我哉！』故聞柳下惠之風者，鄙夫寬，薄夫敦。

「孔子之去齊，接淅而行，去

柳下惠 魯公族大夫展禽，名獲，字季，食邑柳下，諡惠。

由由然 高興的樣子。

浼 弄髒。

鄙夫 胸襟狹窄、見識淺薄之人。

薄夫 性情刻薄之人。

接淅 把米從水裡撈出來，形容著急的樣子。

魯，曰：『遲遲吾行也，去父母國之道也。』可以速而速，可以久而久，可以處而處，可以仕而仕：孔子也。」

孟子曰：「伯夷，聖之清者也；伊尹，聖之任者也；柳下惠，聖之和者也；孔子，聖之時者也。孔子之謂集大成。集大成也者，金聲而玉振之也；

去父母國 離開祖國。

處 指隱居。

清者 清守自持的人。

任者 敢於承擔責任的人。

和者 隨遇而安的人。

時者 懂得見機行事的人。

金聲而玉振 古代儀禮奏樂時，先敲鐘，後以擊磬收尾。

金聲也者，始條理也；玉振之也者，終條理也；始條理者，智之事也；終條理者，聖之事也。智，譬則巧也；聖，譬則力也。由射於百步之外也：其至，爾力也；其中，非爾力也。」

條理　指眾樂合奏時的節奏。

譬　好比。

由　同「猶」。

中　射中鵠的。

2 北宮錡問曰：「周室班爵祿也，如之何？」

孟子曰：「其詳不可得聞也。諸侯惡其害己也，而皆去其籍。然而軻也，嘗聞其略也。天子一位，公一位，侯一位，伯一位，子、男同一位，凡五等也。君一位，卿一位，大夫一位，上士一位，中士

北宮錡　衛人。姓北宮，名錡。
班　列，分別等級。
籍　載籍。

一位，下士一位，凡六等。天子之制，地方千里；公、侯，皆方百里；伯，七十里；子、男五十里；凡四等。不能五十里，不達於天子；附於諸侯曰附庸。天子之卿受地視侯，大夫受地視伯，元士受地視子、男。大國地方百里；君十卿祿，卿祿四大夫，大夫倍

不達於天子　不能直接和天子打交道。

視　比照。

元士　上士也。

君十卿祿　君主的俸祿是卿的十倍。

上士，上士倍中士，中士倍下士，下士與庶人在官者同祿，祿足以代其耕也。次國地方七十里，君十卿祿，卿祿三大夫，大夫倍上士，上士倍中士，中士倍下士，下士與庶人在官者同祿，祿足以代其耕也。小國地方五十里，君十卿祿，卿祿二大夫，大夫倍上

次國　中等國家。

士，上士倍中士，中士倍下士，下士與庶人在官者同祿，祿足以代其耕也。耕者之所獲，一夫百畝，百畝之糞，上農夫食九人，上次食八人，中食七人，中次食六人，下食五人；庶人在官者，其祿以是為差。」

一夫　一個成年男子。

糞　施肥耕種。

3 萬章問曰：「敢問友。」

孟子曰：「不挾長，不挾貴，不挾兄弟而友；友也者，友其德也，不可以有挾也。孟獻子，百乘之家也，有友五人焉：樂正裘、牧仲，其三人則予忘之矣。獻子之與此五人者友也，無獻子之家者也；此五人者，亦有獻子之家，則不與

樂正裘　魯人，亦作「樂正求」。

牧仲　魯人，亦作「牧中」。

之友矣。非惟百乘之家為然也，雖小國之君亦有之。費惠公曰：『吾於子思，則師之矣，吾於顏般，則友之矣；王順、長息，則事我者也。』非惟小國之君為然也，雖大國之君亦有之。晉平公之於亥唐也，入云則入，坐云則坐，食云則食；雖疏食菜羹，未嘗不

費惠公 費國之君。

亥唐 晉賢人，隱居不仕。

飽，蓋不敢不飽也。然終於此而已矣；弗與共天位也，弗與治天職也，弗與食天祿也。士之尊賢者也，非王公之尊賢也。舜尚見帝，帝館甥於貳室，亦饗舜，迭為賓主。是天子而友匹夫也。用下敬上，謂之貴貴；用上敬下，謂之尊賢；貴貴尊賢，其義一也。」

尚 同「上」。

甥 堯以女妻舜，故謂之甥。

貳室 另外的宮室。

迭為賓主 輪流做賓主。

貴貴 敬重上位之人。

4 萬章問曰：「敢問交際，何心也？」

孟子曰：「恭也。」

曰：「卻之卻之為不恭，何哉？」曰：「尊者賜之，曰：『其所取之者，義乎？不義乎？』而後受之；以是為不恭，故弗卻也。」

曰：「請無以辭卻之，以心

交際 親友間互相餽贈禮品。

卻之卻之 一再推辭不收。

卻之，曰：『其取諸民之不義也。』而以他辭無受，不可乎？」

曰：「其交也以道，其接也以禮，斯孔子受之矣。」

萬章曰：「今有禦人於國門之外者，其交也以道，其餽也以禮，斯可受禦與？」

曰：「不可。〈康誥〉曰：『殺

他辭　指藉口。

國門　國都的城門。

受禦　受此殺人劫貨。

〈康誥〉　〈書經．周書〉篇名。

越人于貨，閔不畏死，凡民罔不譈。』是不待教而誅者也。殷受夏，周受殷，所不辭也，於今為烈，如之何其受之！」

曰：「今之諸侯，取之於民也，猶禦也；苟善其禮際矣，斯君子受之？敢問何說也？」

曰：「子以為有王者作，將比今之諸侯而誅之乎？其教之

閔通「暋」，強悍。

罔不譈罔，無。譈，怨恨。

不改，而後誅之乎？夫謂非其有而取之者，盜也。充類至義之盡也。孔子之仕於魯也，魯人獵較，孔子亦獵較；獵較猶可，而況受其賜乎？」

曰：「然則孔子之仕也，非事道與？」

曰：「事道也。」

「事道，奚獵較也？」

充類　擴充其事至盡也。
獵較　爭奪獵物。
事道　為了行道。

曰：「孔子先簿正祭器，不以四方之食供簿正。」曰：「奚不去也？」曰：「為之兆也，兆足以行矣而不行，而後去；是以未嘗有所終三年淹也。孔子有見行可之仕，有際可之仕，有公養之仕；於季桓子，見行可之仕也；於衛靈公，際可之仕也；

簿 登記造冊。

四方之食 指珍異難得之食。

兆 開始。

淹 停留。

見行可 見其道之可行。

際可 接遇以禮。

公養 國君養賢之禮。

於衛孝公，公養之仕也。」

5 孟子曰：「仕非為貧也，而有時乎為貧；娶妻非為養也，而有時乎為養。為貧者，辭尊居卑，辭富居貧。辭尊居卑，辭富居貧，惡乎宜乎？抱關擊柝。孔子嘗為委吏矣，曰：『會計當而已矣。』嘗為乘田矣，曰：『牛羊茁壯長而已矣。』位卑而言高，罪也；

養　奉養父母。

抱關擊柝　守城門、打更，指位卑祿薄。

委吏　管倉庫的小吏。

當　恰當，合宜。

乘田　管理牲畜的小吏。

立乎人之本朝而道不行，恥也。」

6 萬章曰：「士之不託諸侯，何也？」

孟子曰：「不敢也。諸侯失國而後託於諸侯，禮也；士之託於諸侯，非禮也。」

萬章曰：「君餽之粟，則受之乎？」

曰：「受之。」

「受之，何義也？」

士 讀書而未仕之人。

託 指寄食。

粟 米糧。

曰：「君之於氓也，固周之。」

曰：「周之則受，賜之則不受，何也？」

曰：「不敢也。」

曰：「敢問其『不敢』何也？」

曰：「抱關擊柝者，皆有常職以食於上；無常職而賜於上者，以為不恭也。」

曰：「君餽之，則受之；不識

氓　外來的人民。

周　周濟。

可常繼乎？」

曰：「繆公之於子思也，亟問，亟餽鼎肉，子思不悅；於卒也，摽使者出諸大門之外，北面稽首再拜而不受，曰：『今而後，知君之犬馬畜伋！』蓋自是臺無餽也。悅賢不能舉，又不能養也：可謂悅賢乎？」

亟　屢次。

卒　最後。

摽　揮打。

伋　子思名。

臺　差官。

曰：「敢問國君欲養君子，如何斯可謂養矣？」

曰：「以君命將之，再拜稽首而受；其後廩人繼粟，庖人繼肉，不以君命將之。子思以為鼎肉使己僕僕爾亟拜也，非養君子之道也。堯之於舜也，使其子九男事之，二女女焉，百官牛羊倉廩備，以養舜於畎

將 送。
廩人 掌出納米穀之官。
庖人 掌饈膳之官。
鼎肉 熟肉。
僕僕爾 繁瑣的樣子。
女 嫁女。

畎之中，後舉而加諸上位。故曰：王公之尊賢者也。」

7 萬章曰：「敢問不見諸侯，何義也？」

孟子曰：「在國曰市井之臣，在野曰草莽之臣，皆謂庶人，庶人不傳質為臣，不敢見於諸侯，禮也。」

萬章曰：「庶人，召之役，則往役；君欲見之，召之，則不往見之，何也？」

國 都邑。

傳質 致送見面禮。士執雉，庶人執鶩。

曰：「往役，義也；往見，不義也。且君之欲見之也，何為也哉？」

曰：「為其多聞也，為其賢也。」

曰：「為其多聞也，則天子不召師，而況諸侯乎！為其賢也，則吾未聞欲見賢而召之也。繆公亟見於子思曰：『古千乘之國以友士，何如？』子思不悅曰：『古之人有言曰「事之」云乎？豈曰「友之」云乎？』子思之不悅也，豈不曰：『以位，則子君也，我臣也，何敢與君友也？以德，則子事我者也，奚可以與我友？』千乘之君，求與之友而不可得也，而況可召與？

「昔齊景公田，招虞人以旌，不至，將殺之。『志士不忘在溝壑，勇士不忘喪其元。』孔子奚取焉？取非其招不往也。」

曰：「敢問招虞人何以？」

曰：「以皮冠。庶人以旃，士以旂，大夫以旌。以大夫之招招虞人，虞人死不敢往；以士

皮冠　國君田獵，欲招虞人，以此冠為信符。

旃　曲柄旗。

旂　飾有鈴鐺的一種旗。

旌　飾有羽毛的旗。

之招招庶人，庶人豈敢往哉！況乎以不賢人之招招賢人乎！欲見賢人而不以其道，猶欲其入而閉之門也。夫義，路也；禮，門也；惟君子能由是路、出入是門也。《詩》云：『周道如厎，其直如矢；君子所履，小人所視。』」

萬章曰：「孔子，君命召，不

《詩》〈詩．小雅．大東〉篇。
周道 大路。
厎 磨刀石。
視 效法。

俟駕而行；然則孔子非與？」

曰：「孔子當仕有官職，而以其官召之也。」

8 孟子謂萬章曰：「一鄉之善士，斯友一鄉之善士；一國之善士，斯友一國之善士；天下之善士，斯友天下之善士。以友天下之善士為未足，又尚論古之人。頌其詩，讀其書，不知其人，可乎？是以論其世也。是尚友也。」

尚通「上」。進而上也。

頌通「誦」。

尚友與古人交朋友。

9 齊宣王問卿。孟子曰：「王何卿之問也？」王曰：「卿不同乎？」曰：「不同：有貴戚之卿，有異姓之卿。」王曰：「請問貴戚之卿。」曰：「君有大過則諫；反覆之而不聽，則易位。」王勃然變乎色。曰：「王勿異

卿 職官名。古代指位在大夫之上的官爵。

何卿之問 問何等之卿。

易位 易君之位，改立賢者。

勃然 發怒衝動的樣子。

勿異 不要責怪。

也。王問臣，臣不敢不以正對。」王色定，然後請問「異姓之卿。」曰：「君有過則諫；反覆之而不聽，則去。」

以正對　以正義相告。

色定　臉色平靜下來。

告子 上

1 告子曰：「性猶杞柳也，義猶栝棬也；以人性為仁義，猶以杞柳為栝棬。」

孟子曰：「子能順杞柳之性，而以為栝棬乎？將戕賊杞柳，而後以為栝棬也？如將戕賊杞柳而以為栝棬，則亦將戕賊人以為仁義與？率天下之人而禍仁義者，必子之言夫！」

杞柳　落葉喬木，枝條細長柔韌，可編織箱筐等器物。

栝棬　酒器。用枝條編成杯盤之胎，再塗漆加工而成。

戕賊　戕害。

率　率領。

2 告子曰：「性猶湍水也，決諸東方則東流，決諸西方則西流。人性之無分於善不善也，猶水之無分於東西也。」

孟子曰：「水信無分於東西，無分於上下乎？人性之善也，猶水之就下也；人無有不善，水無有不下。今夫水，搏而躍之，可使過顙；激而行之，可

湍水 急流。

決 疏導。

信 誠也。

搏 擊。

顙 前額。

激 阻遏水勢使奮躍。

使在山；是豈水之性哉？其勢則然也。人之可使為不善，其性亦猶是也。」

3 告子曰：「生之謂性。」

孟子曰：「生之謂性也，猶白之謂白與？」

曰：「然。」

「白羽之白也，猶白雪之白；白雪之白，猶白玉之白與？」

曰：「然。」

「然則犬之性，猶牛之性；牛之性，猶人之性與？」

生之謂性　與生俱來的本質叫做性。

然　是的。

4 告子曰：「食色，性也。仁，內也，非外也；義，外也，非內也。」

孟子曰：「何以謂仁內義外也？」

曰：「彼長而我長之，非有長於我也；猶彼白而我白之，從其白於外也；故謂之外也。」

曰：「異。於白馬之白也，無

食色　甘食悅色。

長之　尊其長也。

以異於白人之白也；不識長馬之長也，無以異於長人之長與？且謂長者義乎？長之者義乎？」

曰：「吾弟則愛之，秦人之弟則不愛也，是以我為悅者也，故謂之內。長楚人之長，亦長吾之長，是以長為悅者也，故謂之外也。」

曰：「耆秦人之炙，無以異於耆吾炙。夫物則亦有然者也。然則耆炙亦有外與？」

耆通「嗜」。
炙烤肉。

5 孟季子問公都子曰：「何以謂義內也？」

曰：「行吾敬，故謂之內也。」

「鄉人長於伯兄一歲，則誰敬？」

曰：「敬兄。」

「酌則誰先？」

曰：「先酌鄉人。」

「所敬在此，所長在彼，果在

孟季子 疑是孟仲子之弟也。

公都子 孟子弟子。

伯兄 長兄。

外，非由內也。」

公都子不能答，以告孟子。孟子曰：「『敬叔父乎？敬弟乎？』彼將曰：『敬叔父。』曰：『弟為尸，則誰敬？』彼將曰：『敬弟。』子曰：『惡在其敬叔父也？』彼將曰：『在位故也。』子亦曰：『在位故也。』庸敬在兄，斯須之

尸 古代祭祀時，代死者受祭、象徵死者神靈的人，以臣下或死者的晚輩充任。後世改為用神主、畫像。

惡 為何。

在位 居於當受禮敬之位。

庸 常。

斯須 暫時。

敬在鄉人。」

季子聞之曰：「敬叔父則敬，敬弟則敬，果在外，非由內也。」

公都子曰：「冬日則飲湯，夏日則飲水，然則飲食亦在外也？」

湯　熱水。

6 公都子曰：「告子曰：『性無善無不善也。』或曰：『性可以為善，可以為不善。是故文武興，則民好善；幽厲興，則民好暴。』或曰：『有性善，有性不善。是故以堯為君而有象，以瞽瞍為父而有舜；以紂為兄之子且以為君，而有微子啓、王子比干。』今曰『性

幽、厲 指周幽王、周厲王，周代兩個暴君。

微子啟 紂王的庶兄。

王子比干 紂王叔父，因勸諫紂王被剖心而死。

善』，然則彼皆非與？」
孟子曰：「乃若其情，則可以為善矣，乃所謂善也。若夫為不善，非才之罪也。惻隱之心，人皆有之；羞惡之心，人皆有之；恭敬之心，人皆有之；是非之心，人皆有之。惻隱之心，仁也；羞惡之心，義也；恭敬之心，禮也；是非之心，智也。

乃若其情　「乃若」二字是傳抄過程中誤增的字。情，本質本性。

才　人初生所具有的本性。

惻隱之心　同情憐憫之心。

仁義禮智，非由外鑠我也，我固有之也，弗思耳矣。故曰：求則得之，舍則失之。或相倍蓰而無算者，不能盡其才者也。《詩》曰：『天生蒸民，有物有則。民之秉夷，好是懿德。』孔子曰：『為此詩者，其知道乎！故有物必有則；民之秉夷也，故好是懿德。』」

鑠 以火銷金，此指傳授。

倍蓰 一倍曰倍，五倍曰蓰。

無算 多到不可計數。

《詩》 〈詩．大雅．烝民〉。

蒸民 眾民。

有物有則 有事物就有法則。

秉夷 執持常道。夷作「彝」，常也。

懿德 美德。

7 孟子曰：「富歲，子弟多賴；凶歲，子弟多暴。非天之降才爾殊也，其所以陷溺其心者然也。

「今夫麰麥，播種而耰之，其地同，樹之時又同，浡然而生，至於日至之時，皆熟矣。雖有不同，則地有肥磽，雨露之養、人事之不齊也。故凡同

賴　懶惰懈怠。

爾　如此。

麰麥　大麥。

耰　覆種。

浡然　蓬勃的樣子。

日至　夏至。

肥磽　土地肥沃或瘠薄。

類者，舉相似也，何獨至於人而疑之？聖人與我同類者。故龍子曰：『不知足而為屨，我知其不為蕢也。』屨之相似，天下之足同也。

「口之於味，有同耆也。易牙先得我口之所耆者也；如使口之於味也，其性與人殊，若犬馬之與我不同類也，則天

舉　皆。

龍子　人名。為古代賢人。

蕢　草筐。

耆　通「嗜」。

易牙　春秋時最善烹調的人。

下何耆皆從易牙之於味也？至於味，天下期於易牙，是天下之口相似也。惟耳亦然。至於聲，天下期於師曠，是天下之耳相似也。惟目亦然。至於子都，天下莫不知其姣也。不知子都之姣者，無目者也。故曰：口之於味也，有同耆焉；耳之於聲也，有同聽焉；目之

師曠　人名。字子野，春秋時晉國樂師。生卒年不詳。以善辨音律著名。

子都　古時對美男子的通稱。

姣　美好、美貌。

於色也，有同美焉。至於心，獨無所同然乎？心之所同然者何也？謂理也，義也。聖人先得我心之所同然耳。故理義之悅我心，猶芻豢之悅我口。」

芻豢　芻，吃草的牲口。豢，食穀的牲口。芻豢指牛、羊、犬、豬等。

8 孟子曰：「牛山之木嘗美矣，以其郊於大國也，斧斤伐之，可以為美乎？是其日夜之所息，雨露之所潤，非無萌櫱之生焉，牛羊又從而牧之，是以若彼濯濯也。人見其濯濯也，以為未嘗有材焉，此豈山之性也哉？

「雖存乎人者，豈無仁義之心

牛山　山名。

息　生長。

萌櫱　萌，芽。櫱，芽之旁出者。萌櫱即新芽。引申為微小的事物。

濯濯　形容山上沒有草木。

哉？其所以放其良心者，亦猶斧斤之於木也，旦旦而伐之，可以為美乎？其日夜之所息，平旦之氣，其好惡與人相近也者幾希；則其旦晝之所為，有梏亡之矣。梏之反覆，則其夜氣不足以存；夜氣不足以存，則其違禽獸不遠矣。人見其禽獸也，而以為未嘗有才焉者，

放　放失。

良心　本然之善心。

平旦之氣　指天明之時，未與物接之時的清明之氣。

梏亡　為利欲所蒙蔽而喪失本性。

是豈人之情也哉？「故苟得其養，無物不長；苟失其養，無物不消。孔子曰：『操則存，舍則亡；出入無時，莫知其鄉。』惟心之謂與！」

操　把持。

鄉　通「嚮」。

9 孟子曰：「無或乎王之不智也，雖有天下易生之物也，一日暴之，十日寒之。未有能生者也。吾見亦罕矣，吾退而寒之者至矣。吾如有萌焉何哉！今夫弈之為數，小數也；不專心致志，則不得也。弈秋，通國之善弈者也。使弈秋誨二人弈，其一人專心致志，惟弈秋

或 通「惑」。

暴 通「曝」。

吾見亦罕矣 指與大王見面的機會太少。

弈 圍棋。

數 技。

弈秋 魯國一位名叫秋的善弈者。

之為聽；一人雖聽之，一心以為有鴻鵠將至，思援弓繳而射之，雖與之俱學，弗若之矣。為是其智弗若與？曰：非然也。」

繳　以繩繫矢而射。

10 孟子曰：「魚，我所欲也；熊掌，亦我所欲也；二者不可得兼，舍魚而取熊掌者也。生，亦我所欲也；義，亦我所欲也；二者不可得兼，舍生而取義者也。生亦我所欲，所欲有甚於生者，故不為苟得也。死亦我所惡，所惡有甚於死者，故患有所不辟也。如使人之所

熊掌　熊的足掌。脂多味美，是極珍貴的食品。

苟得　不當得而得。

辟　通「避」。

欲莫甚於生，則凡可以得生者，何不用也？使人之所惡莫甚於死者，則凡可以辟患者，何不為也？由是則生而有不用也，由是則可以辟患而有不為也。是故所欲有甚於生者，所惡有甚於死者，非獨賢者有是心也，人皆有之，賢者能勿喪耳。

「一簞食，一豆羹，得之則生，弗得則死。嘑爾而與之，行道之人弗受；蹴爾而與之，乞人不屑也。萬鍾則不辨禮義而受之，萬鍾於我何加焉？為宮室之美，妻妾之奉，所識窮乏者得我與？鄉為身死而不受，今為宮室之美為之；鄉為身死而不受，今為妻妾之

簞　盛飯的圓形竹器。

豆羹　豆，盛食物的器皿，形似高腳盤。羹，菜湯。

嘑爾　呵叱貌。

行道之人　路人。

蹴爾　踐踏。

萬鍾　指優厚的俸祿。鍾，古量名。

鄉　通「嚮」。以前。

奉為之；鄉為身死而不受，今為所識窮乏者得我而為之，是亦不可以已乎？此之謂失其本心。」

已 止。

本心 羞惡之心。

11 孟子曰：「仁，人心也；義，人路也。舍其路而弗由，放其心而不知求，哀哉！人有雞犬放，則知求之；有放心，而不知求。學問之道無他，求其放心而已矣。」

求其放心　把丟失的良心找回來。

12

孟子曰：「今有無名之指，屈而不信，非疾痛害事也；如有能信之者，則不遠秦楚之路，為指之不若人也。指不若人，則知惡之；心不若人，則不知惡；此之謂不知類也。」

無名之指　手之第四指。

信　通「伸」。

不知類　不知輕重之等。

13 孟子曰：「拱把之桐梓，人苟欲生之，皆知所以養之者。至於身，而不知所以養之者，豈愛身不若桐梓哉？弗思甚也。」

拱把 拱，兩手合圍。把，一手所握。拱把表示物體不粗。

桐梓 桐木與梓木，皆良材。

14 孟子曰：「人之於身也，兼所愛；兼所愛，則兼所養也；無尺寸之膚不愛焉，則無尺寸之膚不養也。所以考其善不善者，豈有他哉？於己取之而已矣。體有貴賤，有小大。無以小害大，無以賤害貴。養其小者為小人，養其大者為大人。今有場師，舍其梧檟，養其樲

體有貴賤，有小大 賤而小者，口腹也；貴而大者，心志也。

大人 君子。

場師 園藝師。

梧檟 梧桐與山楸，皆良木，故以並稱比喻良材。

棘，則為賤場師焉。養其一指而失其肩背，而不知也，則為狼疾人也。飲食之人，則人賤之矣；為其養小以失大也。飲食之人無有失也，則口腹豈適為尺寸之膚哉？」

樲棘　樲，酸棗。棘，荊棘。二者皆非美材。

狼疾　同「狼藉」，散亂、錯雜的樣子。這裡是昏瞶糊塗的意思。

15 公都子問曰：「鈞是人也，或為大人，或為小人，何也？」孟子曰：「從其大體為大人，從其小體為小人。」曰：「鈞是人也，或從其大體，或從其小體，何也？」曰：「耳目之官不思，而蔽於物；物交物，則引之而已矣。心之官則思，思則得之，不思

鈞 通「均」。
大體 心。
小體 耳目之類。

則不得也。此天之所與我者，先立乎其大者，則其小者不能奪也。此為大人而已矣。」

16 孟子曰：「有天爵者，有人爵者。仁義忠信，樂善不倦，此天爵也；公卿大夫，此人爵也。古之人修其天爵，而人爵從之。今之人修其天爵，以要人爵；既得人爵，而棄其天爵，則惑之甚者也，終亦必亡而已矣。」

天爵 指仁義忠信等。

人爵 指爵位。

要 求。

17 孟子曰：「欲貴者，人之同心也。人人有貴於己者，弗思耳。人之所貴者，非良貴也。趙孟之所貴，趙孟能賤之。《詩》云：『既醉以酒，既飽以德。』言飽乎仁義也，所以不願人之膏粱之味也。令聞廣譽施於身，所以不願人之文繡也。」

貴於己者 指天爵。

趙孟 趙盾，字孟。春秋時晉國正卿，掌握晉國的實權。

《詩》 出自〈詩經．大雅．既醉〉，是周代祭祖時祭辭中的兩句。

不願 不羨慕。

膏粱 膏，肉之肥者；粱，食之精者。

令聞廣譽 美名。

文繡 錦繡的衣服或織品。

18 孟子曰：「仁之勝不仁也，猶水勝火。今之為仁者，猶以一杯水，救一車薪之火也；不熄，則謂之水不勝火，此又與於不仁之甚者也。亦終必亡而已矣。」

與 助。

終必亡 終必無仁。

19 孟子曰：「五穀者，種之美者也；苟為不熟，不如荑稗。夫仁，亦在乎熟之而已矣。」

荑稗 荑、稗為二草名，似禾，比穀小，亦可食。

熟之 使之成熟。

20 孟子曰：「羿之教人射，必志於彀；學者亦必志於彀。大匠誨人，必以規矩；學者亦必以規矩。」

羿 古之善射者。

彀 拉滿弓，準備射箭。

大匠 技藝高明的工匠。

規矩 畫圓畫方的工具。

告子 下

1 任人有問屋廬子曰：「禮與食孰重？」

曰：「禮重。」

「色與禮孰重？」

曰：「禮重。」

曰：「以禮食，則飢而死；不以禮食，則得食；必以禮乎？親迎，則不得妻；不親迎，則得妻；必親迎乎？」

任　春秋時國名。

屋廬子　孟子的學生。

親迎　新郎親迎新娘。此指按禮制娶親。

屋廬子不能對，明日之鄒，以告孟子。

孟子曰：「於答是也，何有？不揣其本，而齊其末，方寸之木可使高於岑樓。金重於羽者，豈謂一鉤金與一輿羽之謂哉？取食之重者與禮之輕者而比之，奚翅食重？取色之重者與禮之輕者而比之，奚翅色

之鄒 到鄒國去。
於 如。
何有 何難之有。
揣 度量。
岑樓 尖頂高樓。
一鉤金 一衣帶鉤那樣一點點金。
一輿羽 一整車羽毛。
奚翅 奚，何也。翅，通「啻」，止也。

重？往應之曰：『紾兄之臂而奪之食，則得食；不紾，則不得食，則將紾之乎？逾東家牆而摟其處子，則得妻；不摟，則不得妻；則將摟之乎？』」

紾 扭轉。
摟 掠。
處子 處女。

2 曹交問曰：「人皆可以為堯舜，有諸？」

孟子曰：「然。」

「交聞文王十尺，湯九尺；今交九尺四寸以長，食粟而已，如何則可？」

曰：「奚有於是？亦為之而已矣。有人於此，力不能勝一匹雛，則為無力人矣；今曰舉百

曹交 曹君之弟，名交。

食粟而已 只會吃飯。

奚有於是 「於是奚有」的倒裝句。跟身高有什麼關係。

一匹雛 一隻小雞。

鈞，則為有力人矣。然則舉烏獲之任，是亦為烏獲而已矣。夫人豈以不勝為患哉？弗為耳。徐行後長者謂之弟，疾行先長者謂之不弟。夫徐行者，豈人所不能哉？所不為也。堯舜之道，孝弟而已矣。子服堯之服，誦堯之言，行堯之行，是堯而已矣。子服桀之服，誦

百鈞　鈞，古重量單位，一鈞為三十斤。

烏獲　古代傳說中的大力士。

弟　通「悌」。

先　搶在前頭。

桀之言，行桀之行，是桀而已矣。」

曰：「交得見於鄒君，可以假館，願留而受業於門。」

曰：「夫道若大路然，豈難知哉？人病不求耳。子歸而求之，有餘師。」

假館　借館舍居住。

留而受業　指曹交要讓孟子留下來，當孟子的弟子。

有餘師　有不少老師。

3 公孫丑問曰：「高子曰：『〈小弁〉，小人之詩也。』」

孟子曰：「何以言之？」

曰：「怨。」

曰：「固哉，高叟之為《詩》也！有人於此，越人關弓而射之，則己談笑而道之；無他，疏之也。其兄關弓而射之，則己垂涕泣而道之；無他，戚

高子 齊人。應年長於孟子。

〈小弁〉 〈詩經．小雅〉篇名。《毛詩序》認為是諷刺周幽王的，作者是幽王太子宜臼之傅。

固 執滯不通。

關弓 彎弓。

戚 親也。

凱風　〈詩經．邶風〉篇名。通篇都是責己慰母之詞。

磯　激也。

之也。小弁之怨，親親也；親親，仁也。固矣夫，高叟之為《詩》也！」

曰：「〈凱風〉何以不怨？」

曰：「〈凱風〉親之過小者也；〈小弁〉，親之過大者也。親之過大而不怨，是愈疏也；親之過小而怨，是不可磯也。愈疏，不孝也；不可磯，亦不孝也。孔子曰：『舜其至孝矣，五十而慕。』」

慕　怨慕。

4 宋牼將之楚，孟子遇於石丘，曰：「先生將何之？」曰：「吾聞秦楚構兵，我將見楚王說而罷之。楚王不悅，我將見秦王說而罷之。二王我將有所遇焉。」曰：「軻也請無問其詳，願聞其指。說之將何如？」曰：「我將言其不利也。」

宋牼　人名。
石丘　地名。
構兵　交戰。
遇　契合。
指　同「旨」。大概，大意。

曰：「先生之志則大矣，先生之號則不可。先生以利說秦楚之王，秦楚之王悅於利，以罷三軍之師，是三軍之士樂罷而悅於利也。為人臣者懷利以事其君，為人子者懷利以事其父，為人弟者懷利以事其兄，是君臣、父子、兄弟終去仁義，懷利以相接；然而不亡

號 所用以號召之名。

王 成就王業。

去 棄也。

者，未之有也。先生以仁義說秦楚之王，秦楚之王悅於仁義，而罷三軍之師，是三軍之士樂罷而悅於仁義也。為人臣者懷仁義以事其君，為人子者懷仁義以事其父，為人弟者懷仁義以事其兄，是君臣、父子、兄弟去利，懷仁義以相接也；然而不王者，未之有也。

何必曰利？」

5 孟子居鄒，季任為任處守，以幣交，受之而不報。處於平陸，儲子為相，以幣交，受之而不報。他日，由鄒之任，見季子；由平陸之齊，不見儲子。屋廬子喜曰：「連得間矣。」問曰：「夫子之任，見季子；之齊，不見儲子，為其為相與？」

季任 任君之弟。

處守 留守。古時國君離開京城，命大臣留守其地。

以幣交 派人送幣帛來結交孟子。

不報 沒有答謝。

儲子 齊相。

連得間矣 我抓到孟子的把柄了。連，屋廬子名。間，間隙。

曰：「非也；《書》曰：『享多儀，儀不及物曰不享，惟不役志于享。』為其不成享也。」屋廬子悅。或問之，屋廬子曰：「季子不得之鄒，儲子得之平陸。」

《書》〈周書‧洛誥〉篇。

享多儀 獻享以禮儀為重。

不及 不足。

惟 因為。

不成享 不成獻享之禮。

悅 悅服。

6 淳于髡曰：「先名實者，為人也；後名實者，自為也。夫子在三卿之中，名實未加於上下而去之，仁者固如此乎？」

孟子曰：「居下位，不以賢事不肖者，伯夷也。五就湯，五就桀者，伊尹也。不惡汙君、不辭小官者，柳下惠也。三子者不同道，其趨一也。一者何

淳于髡 戰國時齊人，滑稽善辯，常為齊出使各諸侯國，未嘗辱命，齊威王以為諸侯主客。

先名實 以名譽事業為重。

三卿 司徒、司馬、司空。

未加於上下 上未能正其君，下未能濟其民。

也？曰：仁也。君子亦仁而已矣，何必同！」

曰：「魯繆公之時，公儀子為政，子柳、子思為臣，魯之削也滋甚。若是乎，賢者之無益於國也！」

曰：「虞不用百里奚而亡，秦穆公用之而霸。不用賢則亡，削，何可得與？」

公儀子　魯國賢相。

削　土地被侵奪。

曰：「昔者王豹處於淇，而河西善謳；緜駒處於高唐，而齊右善歌；華周、杞梁之妻善哭其夫而變國俗。有諸內，必形諸外。為其事而無其功者，髡未嘗覩之也。是故無賢者也，有則髡必識之。」

曰：「孔子為魯司寇，不用；從而祭，燔肉不至，不稅冕而

王豹 是中國古代「十二音神」之一，有「龍吟王豹」美譽，在音神中排序第四，是春秋時代民間歌手。

淇 淇河。

河西 河指黃河。

謳 沒有樂器伴奏的清唱。

緜駒 春秋時齊國歌手，死後葬於高唐故里。在民歌及音樂上的造詣極高，後世奉為十二音神之一。

齊右 齊西部。

歌 有樂器伴奏叫做「歌」。

華周 齊國大夫。

行。不知者以為為肉也，其知者以為為無禮也。乃孔子則欲以微罪行，不欲為苟去。君子之所為，眾人固不識也。」

杞梁 與華周皆大夫，為莊公作事。曾伐衛國、晉國，在伐莒戰爭時被俘而死。

不用 不受重用。

燔肉 祭肉。

税冕 脱下與祭時所戴的禮冠。税通「脱」。

7 孟子曰：「五霸者，三王之罪人也；今之諸侯，五霸之罪人也；今之大夫，今之諸侯之罪人也。天子適諸侯曰巡狩，諸侯朝於天子曰述職。春省耕而補不足，秋省斂而助不給。入其疆，土地辟，田野治，養老尊賢，俊傑在位，則有慶；慶以地。入其疆，土地荒蕪，遺

五霸 指春秋時代先後稱霸的五個諸侯：齊桓公、晉文公、秦穆公、楚莊公、吳王闔廬。

三王 三代王者：夏禹、商湯、周文武。

適 往。

省耕 省察百姓之耕種。

省斂 省察百姓之收成。

辟 通「闢」。

慶 賞。

老失賢，掊克在位，則有讓。一不朝，則貶其爵；再不朝，則削其地；三不朝，則六師移之。是故天子討而不伐，諸侯伐而不討。五霸者，摟諸侯以伐諸侯者也，故曰：五霸者，三王之罪人也。五霸，桓公為盛。葵丘之會，諸侯束牲載書而不歃血。初命曰：『誅不

掊克 不賢良的人。**讓** 責罰。

六師 本指周天子所統六軍之師，後以指稱天子軍隊。

討而不伐 聲討而不攻伐。

摟 挾持。

葵丘之會 葵丘，地名。會，盟會，古代諸侯間聚會而結盟。盟會時要用牛作祭品，或殺，或不殺。

束牲載書 束其牲而不殺，繫盟書於牲上。

歃血 古代盟誓時，用牲血塗在嘴邊，表示守信不悔。不歃血，則表示相信與盟的人不敢背約。

孝，無易樹子，無以妾為妻。』再命曰：『尊賢育才，以彰有德。』三命曰：『敬老慈幼，無忘賓旅。』四命曰：『士無世官，官事無攝，取士必得，無專殺大夫。』五命曰：『無曲防，無遏糴，無有封而不告。』曰：『凡我同盟之人，既盟之後，言歸于好。』今之

無易樹子 不更換已立的長子。

官事無攝 公事不得兼代。

專殺 隨便殺戮。

曲防 堤壩。

無遏糴 鄰國有災，不得禁止其收購糧食。

諸侯，皆犯此五禁；故曰：今之諸侯，五霸之罪人也。長君之惡其罪小，逢君之惡其罪大。今之大夫皆逢君之惡；故曰：今之大夫，今之諸侯之罪人也。」

長君之惡　助長君王專橫。

逢　迎合。

8 魯欲使慎子為將軍。孟子曰：「不教民而用之，謂之殃民。殃民者，不容於堯舜之世。一戰勝齊，遂有南陽，然且不可。」

慎子勃然不悅曰：「此則滑釐所不識也。」

曰：「吾明告子：天子之地方千里，不千里不足以待諸侯；

慎子　魯臣，名滑釐，善於用兵。

南陽　齊國地名。

待諸侯　待其朝覲聘問之禮。

諸侯之地方百里，不百里不足以守宗廟之典籍。周公之封於魯，為方百里也；地非不足，而儉於百里。太公之封於齊也，亦為方百里也；地非不足也，而儉於百里。今魯方百里者五，子以為有王者作，則魯在所損乎，在所益乎？徒取諸彼以與此，然且仁者不為，況

太公　姜尚。

損　減。

徒　不殺人而取之。

於殺人以求之乎？君子之事君也，務引其君以當道，志於仁而已。」

引 誘導。

當道 合於事理。

9 孟子曰：「今之事君者，皆曰：『我能為君辟土地，充府庫。』今之所謂良臣，古之所謂民賊也。君不鄉道，不志於仁，而求富之，是富桀也。『我能為君約與國，戰必克。』今之所謂良臣，古之所謂民賊也。君不鄉道，不志於仁，而求為之強戰，是輔桀也。由今

鄉　通「嚮」，嚮往。

約與國　約，要結。與國，盟國。

強　奮力為之。

之道，無變今之俗，雖與之天下，不能一朝居也。」

俗　人心風氣。

不能一朝居　一天也不能維持。

10 白圭曰：「吾欲二十而取一，何如？」

孟子曰：「子之道，貉道也。萬室之國，一人陶，則可乎？」

曰：「不可，器不足用也。」

曰：「夫貉，五穀不生，惟黍生之；無城郭、宮室、宗廟、祭祀之禮，無諸侯幣帛饔飧，無百官有司，故二十取一而足

白圭　人名。名丹，字圭。戰國魏文侯時人，生卒年不詳。善於修築堤防，興修水利，主張減輕田稅，嘗為魏惠王所用。

貉　古代中國稱北方的一支外族為「貉」。

饔飧　饔，早餐。飧，晚餐。饔飧指熟食。

有司　官員。職有專司，故稱為「有司」。

也。今居中國，去人倫，無君子，如之何其可也？陶以寡，且不可以為國，況無君子乎？欲輕之於堯舜之道者，大貉小貉也；欲重之於堯舜之道者，大桀小桀也。」

11 白圭曰：「丹之治水也愈於禹。」

孟子曰：「子過矣。禹之治水，水之道也，是故禹以四海為壑。今吾子以鄰國為壑。水逆行謂之洚水，洚水者，洪水也，仁人之所惡也。吾子過矣。」

愈 勝。

水之道 「道水」的倒裝句，順著水性疏導。

壑 坑洞。

洚水 即洪水。謂大水逆行，不遵其道也。

12孟子曰：「君子不亮，惡乎執？」

亮 通「諒」，信也。

執 堅守原則。

13 魯欲使樂正子為政。孟子曰：「吾聞之，喜而不寐。」

公孫丑曰：「樂正子強乎？」

曰：「否。」

「有知慮乎？」

曰：「否。」

「多聞識乎？」

曰：「否。」

「然則奚為喜而不寐？」

樂正子 魯人，名克，孟子弟子。

強 堅強。

知慮 智謀思慮。

聞識 見識。

曰：「其為人也好善。」

「好善足乎？」

曰：「好善優於天下，而況魯國乎？夫苟好善，則四海之內皆將輕千里而來告之以善；夫苟不好善，則人將曰訑訑，『予既已知之矣』。訑訑之聲音顏色距人於千里之外，士止於千里之外，則讒諂面諛之人

優 指治天下尚有餘力。

訑訑 傲慢自信，不聽人言的樣子。

讒諂面諛 崇惡飾言，當面巴結。

至矣。與讒諂面諛之人居，國欲治，可得乎？」

14 陳子曰：「古之君子何如則仕？」

孟子曰：「所就三，所去三。迎之致敬以有禮，言將行其言也，則就之。禮貌未衰，言弗行也，則去之。其次，雖未行其言也，迎之致敬以有禮，則就之。禮貌衰，則去之。其下，朝不食，夕不食，飢餓不

陳子　陳臻，孟子弟子。

能出門戶，君聞之，曰：『吾大者不能行其道，又不能從其言也，使飢餓於我土地，吾恥之。』周之，亦可受也，免死而已矣。」

周　周濟。通「賙」。

15 孟子曰：「舜發於畎畝之中，傅說舉於版築之間，膠鬲舉於魚鹽之中，管夷吾舉於士，孫叔敖舉於海，百里奚舉於市。故天將降大任於是人也，必先苦其心志，勞其筋骨，餓其體膚，空乏其身，行拂亂其所為，所以動心忍性，曾益其所不能。人恆過，然後能改；

發於畎畝之中 舜曾耕於歷山，故說是從天間起而為天子。

傅說 殷武丁時人，曾為刑徒，在傅險築牆，後被武丁發現，舉用為相。

版築 在兩塊牆版中，填入泥土夯實。

膠鬲 殷紂王時人，曾販賣魚、鹽為生，周文王把他舉薦給紂，後輔佐周武王。

管夷吾 即管仲。

士 獄官。舉於士，指從獄官手裡被釋放並舉用。

困於心，衡於慮，而後作；徵於色，發於聲，而後喻。入則無法家拂士，出則無敵國外患者，國恆亡。然後知生於憂患而死於安樂也。」

孫叔敖 人名。生卒年不詳，春秋楚人。性恭儉，代虞丘為楚相，三月而楚大治。彼曾三得相而不喜，三去相而不悔，不以得失為意，史稱循吏。

百里奚 春秋時虞人，曾被楚人捉去放牛，秦穆公知其名，把他贖買到秦，舉以為相。

空乏其身 使他身受貧窮之苦。

困於心 困悴於心而不暢。

徵於色 徵，察驗。色，容色，臉色。

喻 了解。**入** 在國內。

法家拂士 世代為官，謹守法度的臣子和輔助君王的賢士。

16 孟子曰：「教亦多術矣，予不屑之教誨也者，是亦教誨之而已矣。」

多術 很多方法。

盡心上

1 孟子曰：「盡其心者，知其性也。知其性，則知天矣。存其心，養其性，所以事天也。殀壽不貳，修身以俟之，所以立命也。」

盡心 極盡其心意。

性 本性，孟子以仁義禮智為人性所固有。

天 天道，天理。

殀壽不貳 不因命之長短而貳其心。

立命 定立命限的意義。

2 孟子曰：「莫非命也，順受其正。是故知命者，不立乎巖牆之下。盡其道而死者，正命也。桎梏死者，非正命也。」

莫非命也 人之禍福吉凶，無一不是命中所定。

巖牆 危牆。

桎梏 腳鐐手銬。為古代的刑具，在足曰桎，在手曰梏，主要用來拘繫犯人。

3 孟子曰：「求則得之，舍則失之，是求有益於得也，求在我者也。求之有道，得之有命，是求無益於得也，求在外者也。」

在我者 指吾心固有的仁義。

道 正當的方法。

在外者 指富貴利達。

4 孟子曰：「萬物皆備於我矣。反身而誠，樂莫大焉。強恕而行，求仁莫近焉。」

萬物 一切人倫事理。

反身而誠 反省諸身而能真實無妄。

強恕而行 勉力推行恕道。恕，推己及人。

5 孟子曰：「行之而不著焉，習矣而不察焉，終身由之而不知其道者，眾也。」

不著 不明白。

由之 照著做。

6 孟子曰：「人不可以無恥。無恥之恥，無恥矣。」

無恥　沒有羞恥之心。

無恥之恥　「之」等同於「是」。無恥是恥，以無恥為恥。

無恥矣　無恥辱也。

7孟子曰：「恥之於人大矣。為機變之巧者，無所用恥焉。不恥不若人，何若人有？」

無所用恥 用不到羞恥心。

不恥不若人 不以不如人為恥。

8 孟子曰：「古之賢王好善而忘勢，古之賢士何獨不然？樂其道而忘人之勢。故王公不致敬盡禮，則不得亟見之。見且由不得亟，而況得而臣之乎？」

忘勢 忘記自己的權勢。

不得亟見之 不能常見到。之，指賢明的士人。亟，數。

9 孟子謂宋句踐曰：「子好遊乎？吾語子遊。人知之，亦囂囂；人不知，亦囂囂。」曰：「何如斯可以囂囂矣？」曰：「尊德樂義，則可以囂囂矣。故士窮不失義，達不離道。窮不失義，故士得己焉；達不離道，故民不失望焉。古之人，得志，澤加於民；不得

宋句踐 人名。

遊 指遊說諸侯。

囂囂 從容自樂的樣子。

窮 失意。

達 得志，通達。

志，修身見於世。窮則獨善其身，達則兼善天下。」

見 通「現」。
獨善其身 獨自修養己身。
兼善天下 使天下人同歸於善。

10孟子曰：「待文王而後興者，凡民也。若夫豪傑之士，雖無文王猶興。」

興　感動奮發。

11 孟子曰：「附之以韓魏之家，如其自視欿然，則過人遠矣。」

附 加上。

韓魏之家 指春秋時晉國的韓氏、魏氏兩家大臣。後亦以「韓魏」稱富貴之家。

欿 不自滿。

過人 超過一般人。

12 孟子曰：「以佚道使民，雖勞不怨；以生道殺民，雖死不怨殺者。」

佚道 逸道，使百姓安樂之道。

生道 使民生存之道。

13 孟子曰：「霸者之民，驩虞如也；王者之民，皞皞如也。殺之而不怨，利之而不庸，民日遷善而不知為之者。夫君子所過者化，所存者神，上下與天地同流，豈曰小補之哉？」

驩虞　歡樂。通「歡娛」。

皞皞　廣大自得的樣子。

庸　功績。

所過者化　身所經歷之處，無人不化。

所存者神　內心所存留的思想信念，神妙處難以言喻。

小補　微不足道的補益。

14 孟子曰：「仁言，不如仁聲之入人深也。善政，不如善教之得民也。善政民畏之，善教民愛之；善政得民財，善教得民心。」

仁言 政教法度之言。

仁聲 雅頌。

15 孟子曰：「人之所不學而能者，其良能也；所不慮而知者，其良知也。孩提之童，無不知愛其親者；及其長也，無不知敬其兄也。親親，仁也；敬長，義也。無他，達之天下也。」

良能 不學而能，性所自能。

達 通達。

16 孟子曰：「舜之居深山之中，與木石居，與鹿豕遊，其所以異於深山之野人者幾希；及其聞一善言，見一善行，若決江河，沛然莫之能禦也。」

居深山　指舜耕歷山時。

鹿豕　麋鹿豬豕。

沛然　水流盛大的樣子。

17 孟子曰：「無為其所不為，無欲其所不欲，如此而已矣。」

為 做。
欲 要。

18 孟子曰：「人之有德慧術知者，恆存乎疢疾。獨孤臣孽子，其操心也危，其慮患也深，故達。」

知 知識。
疢疾 憂患。
孤臣孽子 遠臣、庶子，皆不得於君親。
操心 用心。
達 達於事理。

19 孟子曰：「有事君人者，事是君則為容悅者也。有安社稷臣者，以安社稷為悅者也。有天民者，達可行於天下而後行之者也。有大人者，正己而物正者也。」

容悅 曲意逢迎，以取悅於上。

天民 指賢者。

大人 德行高尚的人。

20 孟子曰：「君子有三樂，而王天下不與存焉。父母俱存，兄弟無故，一樂也。仰不愧於天，俯不怍於人，二樂也。得天下英才而教育之，三樂也。君子有三樂，而王天下不與存焉。」

不與存 不在其中。

無故 沒有爭執不和等事故。

怍 慚愧。

21 孟子曰：「廣土眾民，君子欲之，所樂不存焉。中天下而立，定四海之民；君子樂之，所性不存焉。君子所性，雖大行不加焉，雖窮居不損焉，分定故也。君子所性，仁義禮智根於心。其生色也，睟然見於面，盎於背，施於四體，四體不言而喻。」

廣土眾民 廣大的土地，眾多的人民。

所樂不存焉 所樂者不在於此。

中天下而立 王天下。

大行 行政於天下。

損 減。

分 受之於天的本分。

睟然 潤澤的樣子。

盎 盈溢。**施** 延。

四體不言而喻 四肢不待自己發號施令，而所為無不中乎禮義。

22 孟子曰：「伯夷辟紂，居北海之濱，聞文王作興，曰：『盍歸乎來，吾聞西伯善養老者。』太公辟紂，居東海之濱，聞文王作興，曰：『盍歸乎來，吾聞西伯善養老者。』天下有善養老，則仁人以為己歸矣。五畝之宅，樹牆下以桑，匹婦蠶之，則老者足以衣

盍歸乎來 何不去歸服他呢？乎來，語氣助詞，用於句末，表疑問和感嘆。

西伯 西方諸侯之長。

己歸 己之所歸。

帛矣。五母雞，二母彘，無失其時，老者足以無失肉矣。百畝之田，匹夫耕之，八口之家足以無飢矣。所謂西伯善養老者，制其田里，教之樹畜；導其妻子，使養其老。五十非帛不煖，七十非肉不飽。不煖不飽，謂之凍餒。文王之民，無凍餒之老者，此之謂也。」

彘 豬。

樹畜 種桑畜牧。

煖 同「暖」。

23 孟子曰：「易其田疇，薄其稅斂，民可使富也。食之以時，用之以禮，財不可勝用也。民非水火不生活，昏暮叩人之門戶，求水火，無弗與者：至足矣。聖人治天下，使有菽粟如水火。菽粟如水火，而民焉有不仁者乎？」

易 治。
田疇 田地。
稅斂 稅收。
時 四時。
菽 豆類的總稱。

24

孟子曰：「孔子登東山而小魯，登泰山而小天下。故觀於海者難為水，遊於聖人之門者難為言。觀水有術，必觀其瀾；日月有明，容光必照焉。流水之為物也，不盈科不行；君子之志於道也，不成章不達。」

東山　魯城東之山。

瀾　水中大波也。

容光必照　日月於容光之處無不照。

科　坎。

不成章不達　章，一段音樂演奏完叫一章。引申為事物達到一定階段，具備一定規模。

25 孟子曰：「雞鳴而起，孳孳為善者，舜之徒也。雞鳴而起，孳孳為利者，蹠之徒也。欲知舜與蹠之分，無他，利與善之間也。」

孳孳　勤苦的樣子。

蹠　春秋時大盜，又名柳下蹠，相傳是賢臣柳下惠的弟弟。

26 孟子曰：「楊子取為我，拔一毛而利天下，不為也。墨子兼愛，摩頂放踵利天下，為之。子莫執中，執中為近之；執中無權，猶執一也。所惡執一者，為其賊道也，舉一而廢百也。」

取為我 僅為我而已，不及為人也。

兼愛 無差別的愛。

摩頂放踵 從頭頂到腳跟都受損傷。比喻捨身救世，不辭勞苦。

子莫 魯國賢人。

執中無權 膠於一定之中而不知變。權，稱錘，此為權衡輕重的意思。

27 孟子曰：「飢者甘食，渴者甘飲；是未得飲食之正也，飢渴害之也。豈惟口腹有飢渴之害，人心亦皆有害。人能無以飢渴之害為心害，則不及人不為憂矣。」

甘食　以食為甘。

不及人不為憂　不以不及人為憂。

28 孟子曰：「柳下惠不以三公易其介。」

三公 周代以太師、太傅、太保為三公。

易 改變。

介 操守。

29 孟子曰：「有為者，辟若掘井，掘井九軔而不及泉，猶為棄井也。」

辟 通「譬」。

軔 古代計算長度的單位。八尺為一軔。通「仞」。

30 孟子曰：「堯舜，性之也；湯武，身之也；五霸，假之也。久假而不歸，惡知其非有也？」

性之　指堯舜行仁義乃出自本性。

身之　身體力行之。

假之　假借仁義。

惡知其非有也　五霸若能久假仁義，又怎知這仁義不是他們原有的呢？

31 公孫丑曰：「伊尹曰：『予不狎于不順。』放太甲於桐，民大悅。太甲賢。又反之，民大悅。賢者之為人臣也，其君不賢，則固可放與？」

孟子曰：「有伊尹之志，則可；無伊尹之志，則篡也。」

狎 習見。

不順 指太甲所為不順義理。

放 放逐。

篡 篡奪。

32 公孫丑曰：「《詩》曰：『不素餐兮。』君子之不耕而食，何也？」孟子曰：「君子居是國也，其君用之，則安富尊榮；其子弟從之，則孝弟忠信。『不素餐兮』，孰大於是？」

《詩》〈魏風．伐檀〉篇。

素餐 無功勞而空享俸祿。

33 王子墊問曰：「士何事？」孟子曰：「尚志。」曰：「何謂尚志？」曰：「仁義而已矣。殺一無罪，非仁也；非其有而取之，非義也。居惡在？仁是也；路惡在？義是也。居仁由義，大人之事備矣。」

王子墊 齊國的王子，名墊。

尚志 使自己心志高尚。志，心之所之也。

大人之事 大人，此兼指公卿大夫和有德之士。大人之事，兼內聖外王。

34

孟子曰：「仲子，不義與之齊國而弗受，人皆信之，是舍簞食豆羹之義也。人莫大焉亡親戚、君臣、上下。以其小者信其大者，奚可哉？」

仲子　戰國時齊人。其兄為齊卿，食祿萬鍾，陳仲子以為不義而適楚，楚王聞其賢，欲以重金聘為相，拒而逃之，與妻子居於陵，安貧樂道，自稱於陵仲子。

焉　於。

35 桃應問曰：「舜為天子，皋陶為士，瞽瞍殺人，則如之何？」孟子曰：「執之而已矣。」

「然則舜不禁與？」曰：「夫舜惡得而禁之？夫有所受之也。」

「然則舜如之何？」曰：「舜視棄天下，猶棄敝蹝

桃應 孟子弟子。

皋陶為士 士，獄官。舜時皋陶為獄官之長。

有所受之 指皋陶之法，有所傳受，非所敢私，雖天子亦不得廢之。

敝蹝 破草鞋。蹝同「屣」。

也。竊負而逃，遵海濱而處，終身訢然，樂而忘天下。」

遵循。

訢然同「欣然」。

36 孟子自范之齊，望見齊王之子。喟然歎曰：「居移氣，養移體，大哉居乎！夫非盡人之子與？」

孟子曰：「王子宮室、車馬、衣服多與人同，而王子若彼者，其居使之然也；況居天下之廣居者乎？魯君之宋，呼於垤澤之門。守者曰：『此非吾

范　齊邑。

居移氣　環境可改變氣度。

養移體　奉養足以改變身體。

廣居　寬大的住所。儒家用以喻仁。

呼　怒吼。

垤澤　宋國城門之名。

君也，何其聲之似我君也？』

此無他，居相似也。」

37 孟子曰：「食而弗愛，豕交之也；愛而不敬，獸畜之也。恭敬者，幣之未將者也。恭敬而無實，君子不可虛拘。」

食 給東西吃。

豕交之也 把他當做豬來看待。

幣之未將 在幣帛之類的禮物未奉上前。

虛拘 以虛假的禮儀籠絡人。

38

孟子曰：「形色，天性也；惟聖人，然後可以踐形。」

形色　形體容貌。

踐形　體現天賦的品質。

39 齊宣王欲短喪。公孫丑曰：「為朞之喪，猶愈於已乎？」孟子曰：「是猶或紾其兄之臂，子謂之姑徐徐云爾，亦教之孝弟而已矣。」

王子有其母死者，其傅為之請數月之喪。公孫丑曰：「若此者何如也？」曰：「是欲終之而不可得也，

短喪 縮短服喪期限。

朞 一年。

猶愈於已 猶勝於止。

紾 扭、擰。

姑徐徐云爾 且緩緩扭之。云爾，語尾助詞。

王子 齊王之庶子。

雖加一日愈於已。謂夫莫之禁而弗為者也。」

40 孟子曰：「君子之所以教者五：有如時雨化之者，有成德者，有達財者，有答問者，有私淑艾者。此五者，君子之所以教也。」

時雨 應時的雨水。

成德 使其德行有所成就。

達財 因其材而教之，使通達有用。財通「材」。

答問 就所提問而解答。

私淑艾 是自己仰慕而私下自學的。

41 公孫丑曰：「道則高矣，美矣，宜若登天然，似不可及也；何不使彼為可幾及，而日孳孳也？」

孟子曰：「大匠不為拙工改廢繩墨，羿不為拙射變其彀率。君子引而不發，躍如也。中道而立，能者從之。」

幾及 達到。

孳孳 勤勉。

大匠不為拙工改廢繩墨 高明的工匠不因拙劣的工匠而改變必要的規矩。

羿 人名。相傳為古代善射之人，是夏朝時有窮國的國君，不修民事，後為寒浞所殺。亦稱為「后羿」。

彀率 張弓的限度。

引 引弓。

躍如 如踴躍而出。

42 孟子曰：「天下有道，以道殉身；天下無道，以身殉道。未聞以道殉乎人者也。」

有道 王道得行。

殉 同「徇」，從也。

殉乎人 以正道從俗人。

43 公都子曰：「滕更之在門也，若在所禮。而不答，何也？」

孟子曰：「挾貴而問，挾賢而問，挾長而問，挾有勳勞而問，挾故而問，皆所不答也。滕更有二焉。」

滕更 滕文公弟，學於孟子。

在門 在門下為弟子。

若在所禮 似亦在所禮待之列。

挾貴 自恃尊貴。

故 舊交。

滕更有二 指滕更有自恃尊貴、自恃賢能兩項。

44 孟子曰：「於不可已而已者，無所不已；於所厚者薄，無所不薄也。其進銳者，其退速。」

不可已　不可中止。

退速　進銳者用心太過，其勢易衰，故退速。

45 孟子曰：「君子之於物也，愛之而弗仁；於民也，仁之而弗親。親親而仁民，仁民而愛物。」

物 指禽獸草木。

弗親 不得與同親。

親親而仁民 孟子以父子兄弟為親，其他的關係則劃為民。對親當親是謂親親，對民當仁是謂仁民。

46
孟子曰：「知者無不知也，當務之為急；仁者無不愛也，急親賢之為務。堯舜之知而不偏物，急先務也；堯舜之仁不偏愛人，急親賢也。不能三年之喪，而緦、小功之察；放飯流歠，而問無齒決，是之謂不知務。」

知同「智」。
偏物 遍知百工之事。
緦 緦麻，三月的孝服。
小功 五月的喪服，用稍熟粗布為之。
放飯流歠 大口吃飯大口喝湯。
齒決 用牙齒咬斷。
不知務 不知輕重緩急。

盡心 下

1 孟子曰：「不仁哉，梁惠王也！仁者以其所愛及其所不愛，不仁者以其所不愛及其所愛。」

公孫丑曰：「何謂也？」

「梁惠王以土地之故，糜爛其民而戰之，大敗；將復之，恐不能勝，故驅其所愛子弟以殉之，是之謂以其所不愛及其所愛也。」

梁惠王 姓畢名瑩，即戰國魏惠王。魏武侯子，繼位為侯。遷都大梁，僭稱梁王。曾卑禮厚幣，以招賢者。孟子說以仁義之道，但未受重用。諡號惠。

子弟 指太子申。

2 孟子曰：「春秋無義戰。彼善於此，則有之矣。征者上伐下也，敵國不相征也。」

義戰 正義的戰爭。

彼善於此 一方比另一方好些。

上伐下 指天子討伐有罪的諸侯。

3孟子曰：「盡信書，則不如無書。吾於〈武成〉，取二三策而已矣。仁人無敵於天下。以至仁伐至不仁，而何其血之流杵也？」

〈武成〉 周書篇名，記載武王伐紂的的事。

取二三策 取其二三竹簡之言，餘不盡信。

至仁 極仁道的人，指武王。

至不仁 極不仁道的人。此處指殷紂王。

血之流杵 血流漂杵。

4 孟子曰：「有人曰：『我善為陳，我善為戰。』大罪也。國君好仁，天下無敵焉。南面而征北狄怨，東面而征西夷怨。曰：『奚為後我？』武王之伐殷也，革車三百兩，虎賁三千人。王曰：『無畏！寧爾也，非敵百姓也。』若崩厥角稽首。征之為言正也，各欲正己也，焉用戰？」

為陳 布陣。陳同「陣」。軍伍行列也。

奚為後我 為什麼後解救我們呢？

革車三百兩 革車，古時的重戰車，兩同「輛」。

虎賁 勇士。

王 指武王。

若崩厥角稽首 人民感激叩頭，如角之崩也。角，額角。

正己 民為暴君所虐，皆欲仁者來正己之國。

5 孟子曰：「梓匠輪輿，能與人規矩，不能使人巧。」

梓匠 製造木器、房屋的木工。

輪輿 製造車輪、馬車的車工。

6 孟子曰：「舜之飯糗茹草也，若將終身焉。及其為天子也，被袗衣，鼓琴，二女果，若固有之。」

飯糗茹草 形容所吃的東西極為粗陋。比喻貧賤。飯、茹，食也。糗，乾糧。草，指粗糙的食物。

被袗衣 被，穿。袗衣，錦繡之衣。

果 通「婐」，服侍。

7 孟子曰：「吾今而後知殺人親之重也：殺人之父，人亦殺其父；殺人之兄，人亦殺其兄。然則非自殺之也，一間耳。」

一間 比喻相去不遠、極近。

8 孟子曰：「古之為關也，將以禦暴；今之為關也，將以為暴。」

關　關隘。

禦暴　防禦盜賊或敵君。

為暴　施行暴虐。

9孟子曰：「身不行道，不行於妻子；使人不以道，不能行於妻子。」

不行於妻子　自身不能行道，就算是妻子也不能奉命。

使人不以道　即「不以道使人」。

10 孟子曰：「周於利者，凶年不能殺；周於德者，邪世不能亂。」

周於利　周，足也，言積之厚則有餘。利，積蓄。

凶年不能殺　言雖至荒年，不致餓死。

邪世不能亂　雖處邪世，亦不能惑亂其志向。邪世，無道的年代。

11 孟子曰：「好名之人，能讓千乘之國；苟非其人，簞食豆羹見於色。」

好名之人 愛好名譽；追求虛名。

其人 使其得名之人。

簞食豆羹 一簞飯食，一豆羹湯。謂少量飲食。簞豆見色比喻計較小利。

見 通「現」。

12 孟子曰：「不信仁賢，則國空虛；無禮義，則上下亂。無政事，則財用不足。」

國空虛 指留不住仁人賢士，國家就顯得空虛了。

上下亂 上下不辨，是以亂也。

無政事 無善政以教民農時。

13 孟子曰：「不仁而得國者，有之矣；不仁而得天下者，未之有也。」

國 指諸侯國。

天下 指四海之內。

14 孟子曰：「民為貴，社稷次之，君為輕。是故得乎丘民而為天子，得乎天子為諸侯，得乎諸侯為大夫。諸侯危社稷，則變置。犧牲既成，粢盛既潔，祭祀以時，然而旱乾水溢，則變置社稷。」

社稷 土神和穀神。古時君主祭祀社稷，後用社稷代表國家。

丘民 泛指百姓。

變置 變換舊君，安置新君。

犧牲 供祭祀之牲畜，牛羊豕之屬也。

粢盛 供祭祀之黍稷也。黍稷曰粢，在器曰盛。

15 孟子曰：「聖人，百世之師也，伯夷、柳下惠是也。故聞伯夷之風者，頑夫廉，懦夫有立志；聞柳下惠之風者，薄夫敦，鄙夫寬。奮乎百世之上，百世之下，聞者莫不興起也。非聖人而能若是乎，而況於親炙之者乎？」

聖人　品德高尚、智慧高超的人。

百世之師　品德學問可以做為百代的表率。

薄夫　刻薄的人。

興起　感動奮起。

親炙　直接受到傳授、教導。

16 孟子曰：「仁也者，人也。合而言之，道也。」

仁 人之所以為人之理也。

道 人能行仁就是所謂道。

17 孟子曰：「孔子之去魯，曰：『遲遲吾行也。』去父母國之道也。去齊，接淅而行，去他國之道也。」

去 離開。

遲遲 徐行。

父母國 祖國。

接淅而行 淘米未及燒飯就攜離而去。形容時間急迫，匆忙離去。淅，漬米，已淘漬的米。

18 孟子曰：「君子之戹於陳蔡之間，無上下之交也。」

君子 指孔子。

戹 困也。

無上下之交 和君臣都沒有往來。

19 貉稽曰：「稽大不理於口。」

孟子曰：「無傷也。士憎茲多口。《詩》云：『憂心悄悄，慍于群小。』孔子也。『肆不殄厥慍，亦不隕厥問。』文王也。」

貉稽 人名。

大不理於口 很不得眾人稱道。

無傷 沒有關係。

士憎茲多口 士人更易為人所訕。

《詩》 〈詩經．大雅．緜〉。

憂心悄悄 憂慮不安的樣子。

群小 眾小人。

肆不殄厥慍，亦不隕厥問 雖不能消除他們的仇恨，也不能損害自己的聲譽。肆，發語詞，無義。隕，墜也。

20 孟子曰：「賢者以其昭昭，使人昭昭；今以其昏昏，使人昭昭。」

昭昭　明也。此指明白道理。

昏昏　暗也。此指不明道理。

21 孟子謂高子曰：「山徑之蹊間，介然用之而成路。為間不用，則茅塞之矣。今茅塞子之心矣。」

高子 齊人，曾是孟子學生。

山徑之蹊 很窄的山間小路。

介然 本指意志專一，這裡是經常不斷的意思。

為間 少頃。

22 高子曰：「禹之聲，尚文王之聲。」孟子曰：「何以言之？」曰：「以追蠡。」曰：「是奚足哉？城門之軌，兩馬之力與？」

禹之聲 禹之樂。

尚 超越。

追蠡 鐘紐要斷的樣子。追，鐘紐。蠡，蟲子蛀食木頭。此指禹在文王前千餘年，故鐘久而紐絕。

城門之軌，兩馬之力與 城門邊的馬車軌跡比一般車道上的軌跡還要深，難道是因為一車兩馬之力所輾成的嗎？那只是時日一久，車子進出得多的緣故。軌，車行的痕跡。

23 齊饑。陳臻曰：「國人皆以夫子將復為發棠，殆不可復？」孟子曰：「是為馮婦也。晉人有馮婦者，善搏虎；卒為善士。則之野，有眾逐虎。虎負嵎，莫之敢攖。望見馮婦，趨而迎之。馮婦攘臂下車。眾皆悦之，其為士者笑之。」

發棠 發棠邑之倉，賑濟貧民。棠，齊國地名。

殆 恐怕。

馮婦 古男子名，善搏虎。

負嵎 依恃險要的地勢。

攖 觸犯。

攘臂 捋起袖子，露出胳膊表示振奮。

24

孟子曰：「口之於味也，目之於色也，耳之於聲也，鼻之於臭也，四肢之於安佚也，性也，有命焉；君子不謂性也。仁之於父子也，義之於君臣也，禮之於賓主也，智之於賢者也，聖人之於天道也，命也，有性焉；君子不謂命也。」

安佚 安樂舒適。佚通「逸」。

性也，有命焉 指口鼻耳目等喜好是人之天性，能否得到滿足卻是命中注定。

君子不謂命也 指聖人視仁義禮智為天性，不是命定，需要不斷努力追求。

25 浩生不害問曰：「樂正子，何人也？」孟子曰：「善人也，信人也。」「何謂善？何謂信？」曰：「可欲之謂善，有諸己之謂信。充實之謂美，充實而有光輝之謂大，大而化之之謂聖，聖而不可知之之謂神。樂正子，二之中，四之下也。」

浩生不害 姓浩生，名不害，齊國人。

可欲 指人人都覺得他可愛，就叫做善。

樂正子，二之中，四之下也 樂正子在善和信之間，在美大聖神之下。

26 孟子曰：「逃墨必歸於楊，逃楊必歸於儒。歸，斯受之而已矣。今之與楊墨辯者，如追放豚，既入其苙，又從而招之。」

逃墨必歸於楊　離棄墨子學說的，一定會歸服楊朱。

受之而已矣　好好接受他就行了。

追放豚　追逐跳出豬圈的豬。

苙　畜養牲畜的圈欄。

招　羈絆。

27 孟子曰：「有布縷之征，粟米之征，力役之征。君子用其一，緩其二。用其二而民有殍，用其三而父子離。」

布縷之征　征收布帛的稅。一種以實物形式繳納的稅收。
粟米之征　糧賦。
力役之征　徵用民力從事勞役。
緩　緩用。
殍　餓死的人。
父子離　骨肉離散。

28 孟子曰：「諸侯之寶三：土地，人民，政事。寶珠玉者，殃必及身。」

寶珠玉者　以珠玉為寶者。

殃　禍患。

29 盆成括仕於齊。孟子曰：「死矣盆成括！」盆成括見殺。門人問曰：「夫子何以知其將見殺？」曰：「其為人也小有才，未聞君子之大道也，則足以殺其軀而已矣。」

盆成括　姓盆成，名括。

見殺　被殺。

足以殺其軀　足以招致殺身之禍。

30 孟子之滕，館於上宮。有業屨於牖上，館人求之弗得。或問之曰：「若是乎從者之廋也？」曰：「子以是為竊屨來與？」曰：「殆非也。」「夫子之設科也，往者不追，來者不拒。苟以是心至，斯受之而已矣。」

館於上宮 孟子在滕客居的時候，曾經在上宮地方開館辦學。

業屨 編織尚未完成的屨。

牖 房屋側面助明的窗。

從者之廋也 被來館學習的學生先取走收藏。

殆非也 大概不是。

設科 設教授之心。

是心 求道的心。

31 孟子曰：「人皆有所不忍，達之於其所忍，仁也；人皆有所不為，達之於其所為，義也。人能充無欲害人之心，而仁不可勝用也；人能充無穿窬之心，而義不可勝用也。人能充無受爾汝之實，無所往而不為義也。士未可以言而言，是以言餂之也；可以言而不言，是

充 滿。

穿窬 穿壁越牆為偷竊。窬，孔穴。

爾汝 古代尊長對卑幼者的稱呼。受爾汝之實，即受輕賤之實。

餂 探取、套騙。

以不言餂之也，是皆穿窬之類也。」

32 孟子曰：「言近而指遠者，善言也；守約而施博者，善道也。君子之言也，不下帶而道存焉。君子之守，修其身而天下平。人病舍其田而芸人之田，所求於人者重，而所以自任者輕。」

言近而指遠 所言淺近而意旨深遠。指通「恉」。

約 簡約。

博 博大。

善道 善行。

不下帶 帶，腰帶。古人視不下帶，即只視帶之上。此處比喻注意眼前常見之事。

病 患。

芸 通「耘」。

所求於人者重 對別人的責求很重。

33 孟子曰：「堯舜，性者也；湯武，反之也。動容周旋中禮者，盛德之至也。哭死而哀，非為生者也；經德不回，非以干祿也；言語必信，非以正行也。君子行法，以俟命而已矣。」

性 本性。

反之 藉修身行道，使仁義回復於本性。

動容周旋 動作儀容，來往應對。

中禮 合乎禮節。

哭死而哀 傷悼死者，哀出至情。

經德不回 謹守常道而不違。

干 求。

非以正行 不是為了表示自己品德端正。

行法 依據法度行事。

俟命 等待天命。

34 孟子曰：「說大人，則藐之，勿視其巍巍然。堂高數仞，榱題數尺，我得志弗為也；食前方丈，侍妾數百人，我得志弗為也；般樂飲酒，驅騁田獵，後車千乘，我得志弗為也。在彼者，皆我所不為也；在我者，皆古之制也，吾何畏彼哉？」

大人 此指政治地位尊貴的人。

藐之 指看輕其外在地位。

巍巍然 富貴高顯。

仞 八尺為仞。

榱題 屋椽凸出於屋簷的部分。

食前方丈 饌食羅列，廣及方丈。形容飲食豐盛。

般樂 大規模地作樂。般，大。

古之制 古時的規制。指合理的規範。

35 孟子曰：「養心莫善於寡欲。其為人也寡欲，雖有不存焉者，寡矣；其為人也多欲，雖有存焉者，寡矣。」

欲 指口鼻耳目四肢之欲。

不存 指善性有所放失。

36 曾晳嗜羊棗，而曾子不忍食羊棗。

公孫丑問曰：「膾炙與羊棗孰美？」孟子曰：「膾炙哉！」

公孫丑曰：「然則曾子何為食膾炙而不食羊棗？」曰：「膾炙所同也，羊棗所獨也。諱名不諱姓，姓所同也，名所獨也。」

羊棗 君遷子的果實，實小而圓紫黑。

不忍食 曾子在父親死後，食必思親，故不忍食也。

諱 隱而不敢宣之。因人尊神，故為諱名；君父之名，亦不敢斥言。

37 萬章問曰：「孔子在陳曰：『盍歸乎來！吾黨之士狂簡，進取，不忘其初。』孔子在陳，何思魯之狂士？」

孟子曰：「孔子不得中道而與之，必也狂獧乎！狂者進取，獧者有所不為也。孔子豈不欲中道哉？不可必得，故思其次也。」

孔子在陳曰　見〈論語．公冶長〉。

狂簡　志向遠大而行事粗略。

「敢問何如斯可謂狂矣？」曰：「如琴張、曾皙、牧皮者，孔子之所謂狂矣。」「何以謂之狂也？」曰：「其志嘐嘐然，曰：『古之人！古之人！』夷考其行而不掩焉者也。狂者又不可得，欲得不屑不潔之士而與之，是獧也，是又其次也。孔子曰：『過我

琴張　人名，不詳。

牧皮　人名，不詳。

嘐嘐　形容言語誇張、言行不一致。

夷　發語詞。

門而不入我室，我不憾焉者，其惟鄉原乎！鄉原，德之賊也。』」曰：「何如斯可謂之鄉原矣？」

曰：「『何以是嘐嘐也？言不顧行，行不顧言，則曰：「古之人！古之人！」行何為踽踽涼涼？生斯世也，為斯世也，善斯可矣。』閹然媚於世也

鄉原 也作「鄉愿」。鄉原指外貌忠誠謹慎，實際上欺世盜名的人。

踽踽 獨行不進的樣子。

涼涼 淡薄，冷漠。

閹然 指像宦官那樣巴結逢迎的樣子。

者，是鄉原也。」

萬章曰：「一鄉皆稱原人焉，無所往而不為原人，孔子以為德之賊，何哉？」

曰：「非之無舉也，刺之無刺也；同乎流俗，合乎汙世；居之似忠信，行之似廉潔；眾皆悅之，自以為是，而不可與入堯舜之道，故曰德之賊也。孔

原人　謹厚之人。

非之無舉　欲非之則無可舉者。

刺之無刺　責其咎而無可責者。

子曰：『惡似而非者：惡莠，恐其亂苗也；惡佞，恐其亂義也；惡利口，恐其亂信也；惡鄭聲，恐其亂樂也；惡紫，恐其亂朱也；惡鄉原，恐其亂德也。』君子反經而已矣。經正，則庶民興；庶民興，斯無邪慝矣。」

莠　似苗之草。

反經　返回正常之道。

慝　奸邪。

38 孟子曰：「由堯舜至於湯，五百有餘歲，若禹、皋陶，則見而知之；若湯，則聞而知之。由湯至於文王，五百有餘歲，若伊尹、萊朱則見而知之；若文王，則聞而知之。由文王至於孔子，五百有餘歲，若太公望、散宜生，則見而知之；若孔子，則聞而知之。由

萊朱 湯的賢臣。

散宜生 文王賢臣。

孔子而來至於今，百有餘歲，去聖人之世，若此其未遠也；近聖人之居，若此其甚也，然而無有乎爾，則亦無有乎爾。」

然而無有乎爾，則亦無有乎爾 前半句「然而無有乎爾」指沒有「見而知之」者。後半句「則亦無有乎爾」指五百餘歲之後更不會有「聞而知之」者了。此是孟子對沒有人繼承孔子聖人學說的憂慮。

大學

經一章 大學之道

大學之道：在明明德，在親民，在止於至善。知止而后有定，定而后能靜，靜而后能安，安而后能慮，慮而后能得。物有本末，事有終始，知所先後，則近道矣。

古之欲明明德於天下者，先治其國；欲治其國者，先齊其家；欲齊其家者，先脩其身；欲脩其身者，先正其心；欲正其心者，先誠其意；欲誠其意者，先致其知；致知在格物。物格而后知至，知至而后後意誠，意誠而后心正，心正而后身脩，身脩而后家齊，家齊而後國治，國治而后天下平。

自天子以至於庶人，壹是皆以脩身為本。其本亂而末治者否矣；其所厚者薄，而其所薄者厚，未之有也。

【注釋】

大學 依朱熹之意，大學者，大人之學也，乃古代大學教育學者成為大人之重要經典。**明德** 天賦靈明的德性。**親** 當作「新」解釋。**后** 與「後」同。**止** 所當止之地，即至善之所在，必至於是而不遷。**定** 志有定向。**靜** 心不妄動。**安** 安於所處之境。**慮** 處事精詳。**得** 即得其所止。**格物、致知、誠意、正心、脩身、齊家、治國、平天下** 此八者乃大學之條目。**壹是** 一切。**其所厚者薄三句** 言所當厚之身尚不能修，而能澤及國家天下者，是不會有的事。

傳十章

一　釋明明德

〈康誥〉曰：「克明德。」〈大甲〉曰：「顧諟天之明命。」〈帝典〉曰：「克明峻德。」皆自明也。

【注釋】

〈康誥〉、〈大甲〉　均為《尚書》篇名。諟　此。天之明命　天所賦予的德性。

〈帝典〉　即堯典，尚書篇名。克　能。明　彰明。峻　高、大。

二 釋新民

湯之盤銘曰：「苟日新，日日新，又日新。」〈康誥〉曰，「作新民。」《詩》曰：「周雖舊邦，其命維新。」是故君子無所不用其極。

【注釋】

湯 商代開國君王成湯。**盤銘** 古人刻在盥洗盤上的文字，常用以自警。**作** 使他人振作興起。**周雖舊邦其命維新** 〈詩經．大雅．文王〉篇之句。**極** 竭力。

三　釋止于至善

《詩》云：「邦畿千里，惟民所止。」《詩》云：「緡蠻黃鳥，止于丘隅。」子曰：「於止，知其所止，可以人而不如鳥乎？」

《詩》云：「穆穆文王，於緝熙敬止。」為人君，止於仁；為人臣，止於敬；為人子，止於孝；為人父，止於慈；與國人交，止於信。

《詩》云：「瞻彼淇澳，菉竹猗猗。有斐君子，如切如磋，如琢如磨；瑟兮僩兮，赫兮喧兮；有斐君子，終不可諠兮。」如切如磋者，道學也；如琢如磨者，自修也；瑟兮僩兮者，恂慄也；赫兮喧兮者，威儀也；有斐君子，終不可諠兮者，道盛德至善，民之不能忘也。《詩》云：「於戲！前王不忘。」君子賢其賢而親其親，小人樂其樂而利其利，此以沒世不忘也。

【注釋】

邦畿千里惟民所止 出自〈詩經．商頌．玄鳥〉篇。邦畿，王者之都。止，居也。**緡蠻黃鳥止于丘隅** 出自〈詩經．小雅．緡蠻〉篇。緡蠻，鳥聲。丘隅，山丘草木茂密處。**穆穆文王於緝熙敬止** 出自〈詩經．大雅．文王〉篇。於，歎美辭，音烏。緝，繼續。熙，光明。敬止，言其無不敬而安所止也。**瞻彼淇澳菉竹猗猗等句** 出自〈詩經．衛風．淇澳〉篇。淇，水名。澳，隈也。猗猗，美盛貌。切以刀鋸，琢以椎鑿，皆裁物使成形質也。磋以鑢錫，磨以沙石，皆治物使其滑澤也。瑟，嚴密之貌。僩，武毅之貌。赫喧，盛大之貌。諠，忘記。**於戲前王不忘** 出自〈詩經．周頌．烈文〉篇。於戲，歎辭，音嗚呼。前王，指文王、武王。**小人** 指後世之民。

四　釋本末

子曰：「聽訟，吾猶人也。必也使無訟乎！」無情者不得盡其辭，大畏民志；此謂知本。

【注釋】

猶人　不異於人。　情　實情。

五 釋格物致知

此謂知本。此謂知之至也。

（所謂致知在格物者，言欲致吾之知，在即物而窮其理也。蓋人心之靈，莫不有知，而天下之物，莫不有理；惟於理有未窮，故其知有不盡也。是以大學始教，必使學者即凡天下之物，莫不因其已知之理而益窮之，以求至乎其極。至於用力之久，而一旦豁然貫通焉，則眾物之表裡精粗無不到，而吾心之全體大用無不明矣。此謂物格。此謂知之至也。）

【注釋】此章僅兩句，程子謂衍文也。「所謂致知在格物者」以下，乃朱熹所補之文。

六　釋誠意

所謂誠其意者，毋自欺也。如惡惡臭，如好好色，此之謂自謙。故君子必慎其獨也。小人閒居為不善，無所不至；見君子，而后厭然揜其不善而著其善。人之視己，如見其肺肝然，則何益矣？此謂誠於中，形於外。故君子必慎其獨也。

曾子曰：「十目所視，十手所指，其嚴乎！」富潤屋，德潤身，心廣體胖。故君子必誠其意。

【注釋】

自謙 自足。 **慎其獨** 人所不知而己所獨知之時，亦戒慎恐懼，不敢苟且。 **閒居** 獨處。 **厭然** 閉藏。 **揜** 掩藏。

七　釋正心脩身

所謂脩身在正其心者，身有所忿懥，則不得其正；有所恐懼，則不得其正；有所好樂，則不得其正；有所憂患，則不得其正。心不在焉，視而不見；聽而不聞；食而不知其味。此謂脩身在正其心。

【注釋】忿懥　怒也。　不得其正　不能平正。　好樂　喜好。

八 釋脩身齊家

所謂齊其家在脩其身者，人之其所親愛而辟焉，之其所賤惡而辟焉，之其所畏敬而辟焉，之其所哀矜而辟焉，之其所敖惰而辟焉。故好而知其惡、惡而知其美者，天下鮮矣。故諺有之曰：「人莫知其子之惡，莫知其苗之碩。」此謂身不脩，不可以齊其家。

【注釋】

人 指眾人。 辟 猶偏也。 諺 俗語也。

九　釋齊家治國

所謂治國必先齊其家者，其家不可教，而能教人者，無之。故君子不出家，而成教於國。孝者，所以事君也；弟者，所以事長也；慈者，所以使眾也。〈康誥〉曰：「如保赤子。」心誠求之，雖不中，不遠矣。未有學養子而后嫁者也。一家仁，一國興仁；一家讓，一國興讓；一人貪戾，一國作亂。其機如此，此謂一言僨事、一人定國。堯舜帥天下以仁，而民從之；桀紂帥天下以暴，而民從之。其所令反其所好，而民不從。是故君子有諸己，而后求諸人。無諸己，而後非諸人。所藏乎身不恕，而能喻諸人者，未之有也。故治國在齊其家。

《詩》云：「桃之夭夭，其葉蓁蓁，之子于歸，宜其家人。」宜其家人，而后可以教國人。《詩》云：「宜兄宜弟。」宜兄宜弟，而后可以教國人。《詩》云：「其儀不忒，正是四國。」其為父子兄弟足法，而後民法之也。此謂治國在齊其家。

【注釋】

赤子 嬰兒。**一人** 指一國之君。**機** 引申為事物的關鍵。**僨事** 敗事。言事不成也。**喻** 曉也。**桃之夭夭四句** 出自〈詩經．周南．桃夭〉篇。夭夭，少好貌。蓁蓁，美盛貌，興也。之子，猶言是子，此指女子之嫁者而言也。婦人謂嫁曰歸。宜，猶善也。**宜兄宜弟** 出自〈詩經．小雅．蓼蕭〉篇。**其儀不忒正是四國** 出自〈詩經．曹風．鳲鳩〉篇，指自己行為並無差錯，足以匡正四方之國。忒，差也。

十　釋治國平天下

所謂平天下在治其國者，上老老而民興孝；上長長而民興弟；上恤孤而民不倍。是以君子有絜矩之道也。所惡於上，毋以使下；所惡於下，毋以事上；所惡於前，毋以先後；所惡於後，毋以從前；所惡於右，毋以交於左；所惡於左，毋以交於右；此之謂絜矩之道。《詩》云：「樂只君子，民之父母。」民之所好好之，民之所惡惡之，此之謂民之父母。《詩》云：「節彼南山，維石巖巖；赫赫師尹，民具爾瞻。」有國者不可以不慎，辟則為天下僇矣。

《詩》云：「殷之未喪師，克配上帝；儀監于殷，峻命不易。」道得眾則得國，失眾則失國。

是故君子先慎乎德：有德此有人，有人此有土，有土此有財，有財此有用。德者，本也；財者，末也。外本內末，爭民施奪。是故財聚則民散，財散則民聚。是故言悖而出者，亦悖而入；貨悖而入者，亦悖而出。〈康誥〉：「惟命不于常。」道善則得之，不善則失之矣。楚書曰：「楚國無以為寶，惟善以為寶。」舅犯曰：「亡人無以為寶，仁親以為寶。」

〈秦誓〉曰：「若有一个臣，斷斷兮，無他技；其心休休焉，其如有容焉。人之有技，若己有之，人之彥聖，其心好之；不啻若自其口出，實能容之，以能保我子孫黎民，尚亦有利哉。人之有技，媢嫉以惡之；人之彥聖，而違之俾不通；實不能容，以不能保我子孫黎民，亦曰殆哉！」

唯仁人放流之，迸諸四夷，不與同中國。此謂唯仁人為能愛人，能惡人。見賢而不能舉，舉而不能先，命也；見不善而不能退，退而不能遠，過也。好人之所惡，惡人之所好，是謂拂人之性，菑必逮夫身。是故君子有大道，必忠信以得之，驕泰以失之。

生財有大道：生之者眾，食之者寡；為之者疾，用之者舒；則財恆足矣。仁者，以財發身；不仁者以身發財。未有上好仁，而下不好義者也；未有好義，其事不終者也；未有府庫財，非其財者也。

孟獻子曰：「畜馬乘，不察於雞豚；伐冰之家，不畜牛羊；百乘之家，不畜聚斂之臣；與其有聚斂之臣，寧有盜臣。」此謂國不以利為利，以義為利也。長國家而務財用者，必自小人矣。彼為善之，小人之使為國家，菑害並至，雖有善者，亦無如之何矣。此謂國不以利為利，以義為利也。

【注釋】

絜矩 絜，度量。矩，畫方形的用具。儒家以絜矩象徵道德上的規範。 **樂只君子二句** 見〈詩經．小雅．南山有臺〉篇。只，語助詞。 **節彼南山四句** 見〈詩經．小雅．節南山〉篇。節，高大的樣子。師尹，周太師尹吉甫。具，俱也。 **辟** 偏頗。 **僇** 殺戮。 **殷之未喪師四句** 見〈詩經．大雅．文王〉篇。師，眾也。喪師，指失去民心。儀，宜的假借字。監，通「鑑」。 **楚書** 楚國的古書。 **舅犯** 晉文公重耳的舅舅狐偃，字子犯。 **亡人** 指晉文公。文公時為公子，曾遭驪姬之亂，出亡在外。 **若有一个臣二十句** 出自〈尚書．秦誓〉。一个臣，今本《尚書》作「一介臣」。斷斷，專誠守一。休休，寬容有雅量。彥聖，善美明達。媢嫉，妒嫉。俾，使。 **迸** 逐。 **拂人之性** 違逆人的本性。 **菑** 通「災」。 **逮** 及。 **君子** 此指在上位的人。 **大道** 指居其位而修己治人之術。 **驕泰** 驕者矜高，泰者侈肆。 **以財發身** 指仁德君主散財使人民富足，發揚己身的德譽。 **孟獻子** 魯國賢大夫仲孫蔑。 **畜馬乘** 家裡能自備車駕的官員，指士之初試為大夫者。乘，一車四馬。 **伐冰之家** 卿大夫以上，喪祭用冰者。伐，鑿。 **百乘之家** 指有封邑的卿、大夫。 **聚斂之臣** 善於搜括之臣。 **盜臣** 指盜取公家財貨之臣。 **善者** 賢能的人。

中庸

1 天命之謂性，率性之謂道，脩道之謂教。道也者，不可須臾離也；可離，非道也。是故，君子戒慎乎其所不睹，恐懼乎其所不聞。莫見乎隱，莫顯乎微，故君子慎其獨也。喜怒哀樂之未發，謂之中；發而皆中節，謂之和。中也者，天下之大本也；和也者，天下之達道也。致中和，天地位焉，萬物育焉。

【注釋】

天命　天賦。　率性　遵循本性。　脩道　脩同「修」。　須臾　片刻。　見　通「現」。　中節　合乎節度。　致　推而極之。　位　各安其所。

2 仲尼曰：「君子中庸，小人反中庸。君子之中庸也，君子而時中；小人之反中庸也，小人而無忌憚也。」

【注釋】

仲尼 孔子，名丘，字仲尼。 中庸 中和。庸，常。 時中 隨時處於中庸之道。

忌憚 畏懼。

3 子曰：「中庸其至矣乎！民鮮能久矣！」

【注釋】

子 指孔子。 至 至善至美。 鮮 少。

4 子曰：「道之不行也，我知之矣：知者過之，愚者不及也。道之不明也，我知之矣：賢者過之，不肖者不及也。人莫不飲食也，鮮能知味也。」

【注釋】

道　指中庸之道。　知者　即智者，與愚者相對，指智慧超群的人。　不肖者　與賢者相對，指不賢的人。

5 子曰：「道其不行矣夫！」

【注釋】

其　大概。

行　踐行。

6 子曰：「舜其大知也與！舜好問而好察邇言，隱惡而揚善；執其兩端，用其中於民；其斯以為舜乎。」

【注釋】舜 堯帝的女婿，因建國於虞，故稱為虞舜或有虞氏。 邇言 淺近的話。 兩端 指過與不及。 斯 這。

7 子曰：「人皆曰『予知』；驅而納諸罟擭陷阱之中，而莫之知辟也。人皆曰『予知』；擇乎中庸而不能期月守也。」

【注釋】

予 我。

納諸 收之於。

罟擭 罟，捕獸的網。擭，裝有機關的捕獸木籠。

辟 通「避」。

期月 一整個月。

8 子曰：「回之為人也，擇乎中庸，得一善，則拳拳服膺而弗失之矣。」

【注釋】

回 孔子的學生顏回。拳拳服膺 牢牢地放在心上。拳拳，牢握不捨的樣子。服，放置。膺，胸口。

9 子曰：「天下國家可均也，爵祿可辭也，白刃可蹈也，中庸不可能也。」

【注釋】

均 平治。

爵祿 官爵奉祿。

10 子路問強。子曰：「南方之強與？北方之強與？抑而強與？寬柔以教，不報無道，南方之強也，君子居之。衽金革，死而不厭，北方之強也，而強者居之。故君子和而不流，強哉矯！中立而不倚，強哉矯！國有道，不變塞焉，強哉矯！國無道，至死不變，強哉矯！」

【注釋】

子路 名仲由，孔子的學生。　而 汝也。　報 報復。　衽金革 睡在刀劍盔甲上。金，指鐵製的兵器。革，指皮革製成的甲盾。　死而不厭 死而後已的意思。　強者 有勇力的人。　和而不流 性情平和又不隨波逐流。　強哉矯 多麼堅強啊！矯，堅強的樣子。　不變塞 不改變志向。

11 子曰：「素隱行怪，後世有述焉，吾弗為之矣。君子遵道而行，半途而廢，吾弗能已矣。君子依乎中庸，遯世不見知而不悔，唯聖者能之。」

【注釋】

素隱行怪　深求隱僻之理，而行為詭異。據《漢書》，素應為「索」。隱，隱僻。怪，怪異。

見知　被知。

12 君子之道費而隱。夫婦之愚，可以與知焉；及其至也，雖聖人亦有所不知焉。夫婦之不肖，可以能行焉；及其至也，雖聖人亦有所不能焉。天地之大也，人猶有所憾。故君子語大，天下莫能載焉；語小，天下莫能破焉。《詩》云：「鳶飛戾天，魚躍于淵。」言其上下察也。君子之道，造端乎夫婦；及其至也，察乎天地。

【注釋】

費而隱　用廣而體微。　夫婦　匹夫匹婦，指普通男女。　與　參與。　破　分開。　鳶飛戾天，魚躍于淵　見〈詩經．大雅．旱麓〉。鳶，老鷹。戾，到達。　造端　開始。　察　顯著。

13 子曰：「道不遠人，人之為道而遠人，不可以為道。《詩》云：『伐柯伐柯，其則不遠。』執柯以伐柯，睨而視之，猶以為遠。故君子以人治人，改而止。忠恕違道不遠，施諸己而不願，亦勿施於人。君子之道四，丘未能一焉：所求乎子以事父，未能也；所求乎臣以事君，未能也；所求乎弟以事兄，未能也；所求乎朋友先施之，未能也。庸德之行，庸言之謹；有所不足，不敢不勉；有餘不敢盡。言顧行，行顧言，君子胡不慥慥爾？」

【注釋】

伐柯伐柯，其則不遠 見〈詩經・豳風・伐柯〉。伐柯，砍削斧柄。則，法則，此指斧柄的式樣。**違道** 離道。**慥慥** 忠厚誠實的樣子。

14 君子素其位而行，不願乎其外。素富貴，行乎富貴；素貧賤，行乎貧賤；素夷狄，行乎夷狄；素患難，行乎患難。君子無入而不自得焉。

在上位不陵下，在下位不援上。正己而不求於人，則無怨。上不怨天，下不尤人。故君子居易以俟命，小人行險以徼幸。子曰：「射有似乎君子，失諸正鵠，反求諸其身。」

【注釋】

素其位 安於現在所處的地位。 **夷狄** 泛指當時的少數民族。 **無入** 無論處於什麼情況下。 **陵** 欺侮。 **援** 攀援，引申為投靠有勢力的人往上爬。 **尤** 抱怨。 **居易** 安居現狀。 **俟命** 等待天命。 **徼幸** 徼，求也。幸，所不當得而得者。 **射** 指射箭。 **正、鵠** 均指箭靶子；畫在布上的叫正，畫在皮上的叫鵠。

15 君子之道，辟如行遠必自邇，辟如登高必自卑。《詩》曰：「妻子好合，如鼓瑟琴；兄弟既翕，和樂且耽；宜爾室家，樂爾妻帑。」子曰：「父母其順矣乎！」

【注釋】

辟如 譬如。 **邇** 近。 **卑** 低處。 **妻子好合六句** 出自〈詩經．小雅．常棣〉。翕，和順，融洽。耽，樂。帑，通「孥」，子孫。 **順** 稱心和樂。

16 子曰：「鬼神之為德，其盛矣乎！視之而弗見，聽之而弗聞，體物而不可遺。使天下之人，齊明盛服，以承祭祀。洋洋乎如在其上，如在其左右。《詩》曰：『神之格思，不可度思，矧可射思。』夫微之顯，誠之不可揜如此夫！」

【注釋】

體物而不可遺 鬼神是萬物的本體，是萬物所不可缺少的。 **齊** 通「齋」，齋戒。 **明** 潔淨。 **盛服** 即盛裝。 **洋洋** 流動充滿的樣子。 **神之格思** 神的降臨。格，來。思，語氣詞。 **矧** 況且。 **射** 指厭怠不敬。 **揜** 躲藏。

17子曰：「舜其大孝也與！德為聖人，尊為天子，富有四海之內。宗廟饗之，子孫保之。故大德必得其位，必得其祿，必得其名，必得其壽。故天之生物，必因其材而篤焉。故栽者培之，傾者覆之。《詩》曰：『嘉樂君子，憲憲令德，宜民宜人，受祿于天。保佑命之，自天申之。』故大德者必受命。」

【注釋】

宗廟 古代天子、諸侯祭祀先王的地方。 材 資質，本性。 篤 此指厚待。 嘉樂君子六句 出自〈詩經．大雅．假樂〉。嘉，善美。憲憲，顯明興盛的樣子。令，美好。申，重申。

18 子曰：「無憂者，其惟文王乎！以王季為父，以武王為子；父作之，子述之。武王纘大王、王季、文王之緒，壹戎衣而有天下，身不失天下之顯名，尊為天子，富有四海之內；宗廟饗之，子孫保之。武王末受命，周公成文武之德。追王大王、王季，上祀先公以天子之禮。斯禮也，達乎諸侯、大夫，及士、庶人。父為大夫，子為士；葬以大夫，祭以士。父為士，子為大夫，葬以士，祭以大夫。期之喪，達乎大夫；三年之喪，達乎天子；父母之喪，無貴賤，一也。」

【注釋】

文王 姓姬名昌，商朝紂王時為西伯。 **王季** 文王的父親，名季歷。 **武王** 文王之子，建立周朝。 **作之** 開創事業。 **述之** 繼其志而述其事。 **纘** 繼承的意思。 **緒** 基業。 **壹戎衣** 消滅強大的商朝。戎，大。衣，通「殷」。 **末** 晚年，老也。 **期之喪** 指旁系親屬期年之喪。期，即過周年。 **達** 到……為止。

19

子曰：「武王周公其達孝矣乎！夫孝者，善繼人之志，善述人之事者也。春秋，脩其祖廟，陳其宗器，設其裳衣，薦其時食。

「宗廟之禮，所以序昭穆也；序爵，所以辨貴賤也；序事，所以辨賢也；旅酬下為上，所以逮賤也；燕毛，所以序齒也。

「踐其位，行其禮，奏其樂；敬其所尊，愛其所親；事死如事生，事亡如事存，孝之至也。

「郊社之禮，所以事上帝也；宗廟之禮，所以祀乎其先也。明乎郊社之禮、禘嘗之義，治國其如示諸掌乎！」

【注釋】人 指祖先。 春秋 此指祭祖的季節。 宗器 古代宗廟祭祀時所用的器物。 裳衣 指祖宗生前穿過的衣服。裳是下衣，衣是上裝。 薦其時食 古代祭祀祖先所獻上的時令鮮食。 昭穆 古代宗廟的制度，以始祖廟的牌位居中，以下二世、四世、六世位於始祖的左方，稱為昭。三世、五世、七世位於始祖的右方，稱為穆。此指祭祀的時候，可以排列出父子、長幼、親疏的次序。 序爵 祭祀者按官爵大小，以公、侯、卿、大夫分為四等排列先後。 事 職事，職務。 旅酬 眾人以酒相勸。 下為上 以主人身分向上敬酒。 逮賤 藉以使祖宗的恩惠下逮於晚輩。 燕毛 燕，同「宴」。毛，毛髮，意為長幼。指祭祀完畢，舉行宴飲時，以毛髮的顏色區別老少長幼，安排宴會的坐次。 序齒 依據年齡的大小來定宴會的坐次或飲酒的順序。 踐其位 各就各位。 郊社之禮 周代在冬至時，在南郊舉行祀天的儀式，稱之為「郊」。夏至在北郊舉行祭地的儀式，稱之為「社」。 禘 五年一次大祭，只有天子有權舉辦。 嘗 為宗廟四時祭祀之一，每年秋季舉行。

20 哀公問政。子曰：「文武之政，布在方策。其人存，則其政舉；其人亡，則其政息。人道敏政，地道敏樹。夫政也者，蒲盧也。故為政在人，取人以身，修身以道，修道以仁。仁者，人也，親親為大；義者，宜也，尊賢為大。親親之殺，尊賢之等，禮所生也。故君子不可以不脩身；思脩身，不可以不事親；思事親，不可以不知人；思知人，不可以不知天。

「天下之達道五，所以行之者三。曰：君臣

也，父子也，夫婦也，昆弟也，朋友之交也，五者，天下之達道也。知、仁、勇三者，天下之達德也。所以行之者，一也。或生而知之，或學而知之，或困而知之；及其知之，一也。或安而行之，或利而行之，或勉強而行之，及其成功，一也。」

子曰：「好學近乎知，力行近乎仁，知恥近乎勇。知斯三者，則知所以脩身；知所以脩身，則知所以治人；知所以治人，則知所以治天下國家矣。

「凡為天下國家有九經，曰：脩身也，尊賢也，親親也，敬大臣也，體群臣也，子庶民也，來百工也，柔遠人也，懷諸侯也。脩身，則道立；尊賢，則不惑；親親，則諸父昆弟不怨；敬大臣，則不眩；體群臣，則士之報禮重；子庶民，則百姓勸；來百工，則財用足；柔遠人，則四方歸之；懷諸侯，則天下畏之。

「齊明盛服，非禮不動，所以脩身也；去讒遠色，賤貨而貴德，所以勸賢也；尊其位，重其祿，同其好惡，所以勸親親也；官盛任使，所以勸大臣也；忠信重祿，所以勸士也；時使薄斂，所以勸百姓也；日省月試，既稟稱事，所以勸百工也；送往迎來，嘉善而矜不能，所以柔遠人也；繼絕世，舉廢國，治亂持危，朝聘以時，厚往而薄來，所以懷諸侯也。凡為天下國家有九經，所以行之者，一也。

「凡事豫則立，不豫則廢。言前定，則不跲；

事前定，則不困；行前定，則不疚；道前定，則不窮。

「在下位，不獲乎上，民不可得而治矣；獲乎上有道，不信乎朋友，不獲乎上矣；信乎朋友有道，不順乎親，不信乎朋友矣；順乎親有道，反諸身不誠，不順乎親矣；誠身有道，不明乎善，不誠乎身矣。

「誠者，天之道也；誠之者，人之道也。誠者，不勉而中，不思而得，從容中道，聖人也。誠之者，擇善而固執之者也。

「博學之，審問之，慎思之，明辨之，篤行之。有弗學，學之弗能弗措也；有弗問，問之弗知弗措也；有弗思，思之弗得弗措也；有弗辨，辨之弗明弗措也；有弗行，行之弗篤弗措也。人一能之，己百之；人十能之，己千之。果能此道矣，雖愚必明，雖柔必強。」

【注釋】

哀公 春秋時魯國國君。 **布** 陳列。 **方冊** 典籍。方，木版。策，竹簡。 **其人** 指文王、武王。 **蒲盧** 即蘆葦。蘆葦生長快速，比喻政治易見成效。 **親親** 愛其親也。 **殺**

降等。**昆弟**兄弟。**達德**人人應有之德性。**安而行之**安然自得而行。**利而行之**為榮名利益而行。**九經**九條準則。**子庶民**以庶民為子。**諸父**宗族中與父親同行輩者，即眾伯叔。**眩**迷亂。**來**招來。**百工**各種工匠。**官盛任使**部屬眾多，足以聽任差遣。**時使**指使用百姓勞役有一定時間，不誤農時。**薄斂**賦稅輕。**既稟稱事**視工作成績給予相當的俸祿。**繼絕世**延續已經中斷的家庭世系。**舉廢國**復興已經沒落的邦國。**朝聘**諸侯定期朝見天子，每年一見叫小聘，三年一見叫大聘，五年一見叫朝聘。**跲**說話不通暢。**措**停止，罷休。

21 自誠明，謂之性；自明誠，謂之教。誠則明矣，明則誠矣。

【注釋】

自誠明　由至誠而自然明白善道。

則　即，就。

22 唯天下至誠，為能盡其性；能盡其性，則能盡人之性；能盡人之性，則能盡物之性；能盡物之性，則可以贊天地之化育；可以贊天地之化育，則可以與天地參矣。

【注釋】盡其性　充分發揮本性。　贊　助。　與天地參　與天地並立為三。

23 其次致曲，曲能有誠；誠則形，形則著，著則明，明則動，動則變，變則化；唯天下至誠為能化。

【注釋】

其次　即次於「自誠明」的聖人的人，也就是賢人。　致曲　致力於某一方面。曲，偏。　形　顯露。　著　顯著。　化　即化育。

24至誠之道，可以前知；國家將興，必有禎祥；國家將亡，必有妖孽；見乎著龜，動乎四體。禍福將至，善，必先知之；不善，必先知之；故至誠如神。

【注釋】

前知　預知未來。　禎祥　吉祥的預兆。　妖孽　物類反常的現象。草木之類稱妖，蟲豸之類稱孽。　著龜　著草和龜甲，用來占卜。　四體　手足，指動作儀態。

25 誠者，自成也；而道，自道也。誠者，物之終始；不誠，無物。是故君子誠之為貴。誠者，非自成己而已也，所以成物也。成己，仁也；成物，知也。性之德也，合外內之道也，故時措之宜也。

【注釋】

自成　自我成全，也就是自我完善的意思。自道　導引自己所當行的道路。時措之宜　時時施行而皆得其宜。

26 故至誠無息；不息則久，久則徵，徵則悠遠，悠遠則博厚，博厚則高明。博厚所以載物也，高明所以覆物也，悠久所以成物也。博厚配地，高明配天，悠久無疆。如此者，不見而章，不動而變，無為而成。

天地之道，可一言而盡也：「其為物不貳，則其生物不測。」天地之道：博也，厚也，高也，明也，悠也，久也。今夫天，斯昭昭之多，及其無窮也，日月星辰繫焉，萬物覆焉。今夫地，一撮土之多；及其廣厚，載華嶽而不重，振河海而不洩，萬物載焉。今夫山，一卷石之多，及其廣大，草木生之，禽獸居之，寶藏興焉。今夫水，一勺之多，及其不測，黿鼉蛟龍魚鱉生焉，貨財殖焉。

《詩》云：「維天之命，於穆不已。」蓋曰天之所以為天也。「於乎不顯，文王之德之純。」蓋曰文王之所以為文也，純亦不已。

【注釋】

息 止息，休止。**徵** 顯露於外。**無疆** 無窮無盡。**見** 顯現。**章** 即「彰」，彰明。**一言** 即一字，指「誠」字。**不貳** 忠誠如一。**昭昭** 光明。**華嶽** 即華山。**振** 通「整」，整治，引申為約束。**一卷石** 一拳頭大的石頭。卷通「拳」。**不測** 不可測度，指浩瀚無涯。**黿** 似鱉而大，背甲近圓形，散生小疣，暗綠色，腹面白色。前肢外緣和蹼均呈白色。生活於河中。**鼉** 長約二公尺餘，背部暗褐色，前肢五指無蹼，後肢四趾具蹼，穴居於池沼底部，以魚、蛙、鳥、鼠為食，皮可製鼓。**維天之命四句** 均引自〈詩經．周頌．維天之命〉。

27 大哉！聖人之道！洋洋乎，發育萬物，峻極於天。優優大哉！禮儀三百，威儀三千。待其人而後行。故曰：「苟不至德，至道不凝焉。」故君子尊德性而道問學，致廣大而盡精微，極高明而道中庸。溫故而知新，敦厚以崇禮。是故居上不驕，為下不倍。國有道，其言足以興；國無道，其默足以容。《詩》曰：「既明且哲，以保其身。」其此之謂與？

【注釋】

洋洋 盛大。 優優 充足有餘。 禮儀 古代禮節的主要規則，又稱經禮。 威儀 古代典禮中的動作規範及待人接物的禮節，又稱曲禮。 凝 聚，成。 容 容身，指保全自己。 既明且哲，以保其身 出自〈詩經・大雅・烝民〉。

28

子曰：「愚而好自用，賤而好自專；生乎今之世，反古之道；如此者，烖及其身者也。」

非天子，不議禮，不制度，不考文。今天下，車同軌，書同文，行同倫。雖有其位，苟無其德，不敢作禮樂焉；雖有其德，苟無其位，亦不敢作禮樂焉。

子曰：「吾說夏禮，杞不足徵也；吾學殷禮，有宋存焉；吾學周禮，今用之，吾從周。」

【注釋】

自用 自以為是，不聽別人意見。 **自專** 獨斷專行。 **反** 通「返」。 **烖** 古「災」字。 **制度** 制作法度。 **考文** 校訂文字。 **車同軌** 指車子的輪距一致。 **夏禮** 夏朝的禮制。 **杞不足徵也** 在杞國已沒有足夠的材料可供證明。杞，國名，傳說周武王封夏禹的後代於此。徵，驗證。

29 王天下有三重焉，其寡過矣乎？上焉者，雖善無徵，無徵不信，不信民弗從。下焉者，雖善不尊，不尊不信，不信民弗從。故君子之道，本諸身，徵諸庶民，考諸三王而不繆，建諸天地而不悖，質諸鬼神而無疑，百世以俟聖人而不惑。質諸鬼神而無疑，知天也；百世以俟聖人而不惑，知人也。是故君子動而世為天下道，行而世為天下法，言而世為天下則；遠之則有望，近之則不厭。《詩》曰：「在彼無惡，在此無射；庶幾夙夜，以永終譽。」君子未有不如此而蚤有譽於天下者也。

【注釋】

王天下有三重 統治天下有三項重要的事，即議禮、制度、考文。 **上焉者** 指在上位的人，即君王。 **下焉者** 指在下位的人，即臣下。 **三王** 指夏、商、周三代君王。

在彼無惡四句 出自〈詩經．周頌．振鷺〉。

30仲尼祖述堯舜，憲章文武；上律天時，下襲水土。辟如天地之無不持載，無不覆幬；辟如四時之錯行，如日月之代明。萬物並育而不相害，道並行而不相悖。小德川流，大德敦化。此天地之所以為大也！

【注釋】
祖述　效法、遵循前人的行為或學說。　覆幬　覆蓋。　錯行　交錯運行，流動不息。

31 唯天下至聖，為能聰明睿知，足以有臨也；寬裕溫柔，足以有容也；發強剛毅，足以有執也；齊莊中正，足以有敬也；文理密察，足以有別也。溥博淵泉，而時出之。溥博如天，淵泉如淵。見而民莫不敬，言而民莫不信，行而民莫不說。是以聲名洋溢乎中國，施及蠻貊，舟車所至，人力所通，天之所覆，地之所載，日月所照，霜露所隊，凡有血氣者，莫不尊親，故曰配天。

【注釋】

至聖　道德修養至最高的人。　臨　上統治下。　發強　振作精神。　有執　有所執守。　文理密察　文章條理詳細而明辨。　溥博淵泉　比喻思慮深遠。　見　通「現」。　隊　同「墜」。

32 唯天下至誠，為能經綸天下之大經，立天下之大本，知天地之化育。夫焉有所倚？肫肫其仁，淵淵其淵，浩浩其天。苟不固聰明聖知達天德者，其孰能知之？

【注釋】

經綸　理出絲緒叫經，編絲成線叫綸，引申為治理之意。　肫肫　誠懇。　淵淵　深靜。

浩浩　廣大。

33 《詩》曰：「衣錦尚絅。」惡其文之著也。故君子之道，闇然而日章；小人之道，的然而日亡。君子之道，淡而不厭，簡而文，溫而理；知遠之近，知風之自，知微之顯，可與入德矣。

《詩》云：「潛雖伏矣，亦孔之昭。」故君子內省不疚，無惡於志。君子之所不可及者，其唯人之所不見乎！

《詩》云：「相在爾室，尚不愧于屋漏。」故君子不動而敬，不言而信。

《詩》曰：「奏假無言，時靡有爭。」是故君子不賞而民勸，不怒而民威於鈇鉞。

《詩》曰：「不顯惟德，百辟其刑之。」是故君子篤恭而天下平。

《詩》云：「予懷明德，不大聲以色。」子曰：

「聲色之於以化民，末也。」

《詩》曰：「德輶如毛。」毛猶有倫。「上天之載，無聲無臭。」至矣。

【注釋】

衣錦尚絅 引自〈詩經．衛風，碩人〉。衣，指穿衣。錦，指色彩鮮豔的衣服。尚，加。絅，同「褧」，用麻布製的罩衣。 **闇然** 隱藏不露。 **潛雖伏矣，亦孔之昭** 引自〈詩經．小雅．正月〉。 **相在爾室，尚不愧于屋漏** 引自〈詩經．大雅．抑〉。相，注視。屋漏，指古代室內西北角設小帳的地方，相傳是神明所在，這裡以屋漏代指神明。不愧屋漏喻指心地光明，不在暗中做壞事，起壞念頭。 **奏假無言，時靡有爭** 引自〈詩經．商頌．烈祖〉。假，通「格」，即感通，指誠心能與鬼神或外物互相感應。**鈇鉞** 古代執行軍法時用的斧子。 **不顯惟德，百辟其刑之** 引自〈詩經．周頌．烈文〉。「不」通「丕」，不顯即大顯。刑通「型」，示範、效法。 **予懷明德，不大聲以色** 引自〈詩經．大雅．皇矣〉。聲，號令。色，容貌。 **德輶如毛** 引自〈詩經．大雅．烝民〉。輶，古代一種輕便車，引申為輕。 **上天之載，無聲無臭** 引自〈詩經．大雅．文王〉。

國家圖書館出版品預行編目資料

孟子. 下 ： 大學、中庸／孫家琦編輯,
——第一版.—— 新北市 ： 人人, 2013.01
面 ； 公分. ——（人人讀經典系列；9）
ISBN 978-986-5903-09-1（平裝）
1.學庸　2.注釋
121.252　　102001084

人人讀經典系列(9)
孟子(下)附大學、中庸
書系編輯／孫家琦
書籍裝幀／王行恭設計事務所
發行人／周元白
出版者／人人出版股份有限公司
地址／23145新北市新店區寶橋路235巷6弄6號7樓
電話／（02）2918-3366（代表號）
傳真／（02）2914-0000
網址／http://www.jjp.com.tw
郵政劃撥帳號／16402311人人出版股份有限公司
製版印刷／長城製版印刷股份有限公司
經銷商／聯合發行股份有限公司
電話／（02）2917-8022
第一版第一刷／2013年1月
定價／新台幣200元
行政院新聞局局版台業字第6124號